2015年同文书库·鼓浪屿历史文化系列
厦门市委宣传部　厦门市社科联　编

鼓浪屿公共租界

何丙仲　著

厦门大学出版社
XIAMEN UNIVERSITY PRESS
国家一级出版社
全国百佳图书出版单位

总　序

“国民之魂，文以化之；国家之神，文以铸之”。文化是一个民族的根，一个民族的魂，是国家发展、民族振兴的重要支撑。当今时代，文化越来越成为民族凝聚力和创造力的重要源泉、越来越成为综合国力竞争的重要因素。

厦门是一个具有一定历史文化积淀的现代化港口风景旅游城市，物华天宝，人杰地灵，形成了瑰丽多姿的文化和丰富独特的文化遗产。鼓浪屿素有“海上花园”、“万国建筑博览”、“音乐之乡”、“钢琴之岛”之美誉，是国家级重点风景名胜区。在历史的发展过程中，近现代中西文化在这里汇聚融合，造就了一种既具有深厚的闽南文化传统又具有浓厚西洋文化特色的文化形态和风格，是厦门独特的历史文化的浓缩和代表。

为进一步研究、保护、传承鼓浪屿历史文化，市委宣传部、市社科联聘请了生于鼓浪屿、长于鼓浪屿的福建省社科院原副院长、资深文史专家黄猷先生为总审稿人，联合组织专家学者精心策划、精心研究、精心编撰出版《厦门社科丛书——鼓浪屿历史文化系列》。《丛书》以史话、建筑、音乐、公共租界、侨客、教育、学者等专题为主要内容，较客观准确地介绍了鼓浪屿历史文化和风土人情，充分展现了鼓浪屿深厚的文化底蕴和独特魅力，是一套系统研究鼓浪屿历史文化的史料读本和百科全书。相信《厦门社科丛书——鼓浪屿历史文化系列》的出版发行，对于传承、弘扬鼓浪屿历史文化和厦门特色文化，提升厦门市民的人文素质和城市文化软实力以及鼓浪屿申请世界非物质文化遗产都具有重要的意义和积极的作用。

中共厦门市委常委、宣传部长

[signature]

2010年1月

序 言

何丙仲先生近日推出新书《鼓浪屿公共租界》，作为厦门市委宣传部、厦门市社科联、厦门市社科院主编的《鼓浪屿文化丛书》之一种，由厦门大学出版社出版。

鼓浪屿是闻名远近的风景区，近代曾沦为多个国家共同统治的“公共租界”，中西文化在这里产生过撞击，发生过交流，现存的近代建筑文化和大量人文方面的遗存，诸如音乐、绘画等，已成为一项很重要的文化遗产。目前，政府有关部门正在积极将鼓浪屿纳入我国申报世界文化遗产的名录。申报的过程也推动了学术界对鼓浪屿文化历史的研究，何先生的新著便是一个例证。

何丙仲先生毕业于复旦大学历史系，服务于厦门市博物馆和郑成功纪念馆。于明清史和闽南文化研究，作出不少有益的贡献。我曾引用过他的《厦门碑志汇编》中的资料，对他吃苦耐劳地整辑乡邦文化史料的精神，深感佩服。他家世居鼓浪屿已历五代，又长于田野调查。我虽曾在鼓岛居住过多年，阅后仍颇有所得，甚感欣喜。对这本小书的印象简述如下：

一是来自西方的史料丰富。他利用曾经旅居美国及在荷兰莱顿大学访学的机会，搜集有关厦门地方史的资料，并自行翻译，由是本书的资料来源多一途径，视野自然较开阔；

二是图文并茂，给人颇多新意。如作者论述“工部局”译名的来源，让读者从中看到了清廷在近代外交中的思维方式：

“工部局的英文为 Municipal Council，原义是‘市政会’的意思。这个名称始于上海，据说太平军进攻上海时，洋人圈地为保护区，且砌筑了围墙。事后这些洋人还向清政府索讨砌墙的费用，清廷遂派员以工部的名义处理此事。以后在这基础上划出租界，就把双方共管的机构称作‘工部局’。另外还有一种说法，是上海公共租界划定之初，Municipal Council 所做的事多以建房修路、疏浚水沟、改善环境为主，而在清代，此类事情乃属于朝廷六部之一的‘工部’的职责，于是 Municipal Council 就被上海人称为工部局。鼓浪屿沿用上海公共租界那一套，连工部局这个名称也照搬过来。”

三是通过大量史实进行考证，对一系列鼓浪屿地方史问题得出有学术价值的结论，如：

(一)鼓浪屿近代文化是闽南文化的一朵奇葩。近代以来居住鼓岛的闽南人，大部分在海外“淬过火”，在经济能力和文化视野等方面，已具备主动吸收或移植多种文化营养的能力，这个过程并非简单的“中西文化交流”便可说明的；

(二)鼓浪屿沦为半殖民地半封建社会的转折点在第二次鸦片战争之后，在公共租界之前的近四十年间，该岛已逐渐成了“外国人居留地”，公共地界章程无非是一个使之“合法化”的过程。

(三) 英、美等国家在岛上建领事馆的时间；

(四) 公共地界章程正式生效的时间。

等等。

何丙仲先生的新著，功力深厚，令晚辈感佩。鼓浪屿近代历史是极其丰富的宝库，还有待学术界同仁从各方面共同努力，深度发掘。

汪毅夫

鼓浪屿

目录 公共租界 CONTENTS

第一章

“‘番仔’爬上山”

1841年8月26日，下午一点。已经在大担洋外面逡巡一天的英国舰队突然成群结队破门而入，扑向前方以鼓浪屿为正面的“漳州河”口（厦门湾），顿时炮声震天动地，硝烟弥漫。与此同时，英舰也向厦门港东南的长列炮台和对岸的屿仔尾炮台发动猛烈的进攻。厦门港陷入一片血火之中。鸦片战争的厦门之战，开始把鼓浪屿作为一个引人注目的角色，推向近代历史的舞台。

早在大航海时代，厦门包括鼓浪屿都已经进入了西方人的视野。18世纪后半叶，随着资本主义的发展，西方殖民主义者开始

清代鼓浪屿的田园风貌

英军进攻厦鼓

不断向外争夺商品市场和原料供应地，1840年3月，英国政府悍然发动了侵略中国的鸦片战争。同年6月，英国军舰封锁了广州的所有航道，鸦片战争正式爆发。接着，英军部署舰队，在中国东南海岸发动战事。1841年8月，英军近代化舰队在英国女皇全权大臣亨利·璞鼎查爵士（Sir.Henry Pottinger）的率领下进犯厦门，投入的兵力共有官兵2500名，战舰10艘，载炮310门，武装船4艘，运输船22艘。[1]

在他们的眼中，鼓浪屿是“漳州河”口最重要的一处战略要地。他们看到厦门周围有许多小岛，但“最有兴趣的一个是鼓浪屿，它与厦门城只有一水之隔，这条水道直通厦门内港。事实上，占领鼓浪屿，厦门本身或者更恰当地说它的城市与市郊就都处在我们完全控制之下了”，他们还了解到，清军已“在鼓浪屿这个小岛上设置牢固的堡垒。……（鼓浪屿）是厦门的钥匙。当时中国人已经在堡垒上架设了不下七十六门的大炮”[2]。经过 4 个小时激烈的炮战，清军不幸战败，英国侵略者登陆厦门。在这场惨烈的炮战中，仅“在一小时二十分钟之内，鼓浪屿的三座主要炮台便被打哑了，为数约一百七十名的水兵由爱利斯上尉指挥在该岛登陆，并占领了后面的高地。第 26 团的三个连也被指派担任这个任务……协助进行肃清炮台的工作”[3]。

鸦片战争爆发之前，英国巴麦尊外相于 1841 年 6 月 2 日的《致海军部各长官函》就明确训令：“可以占领厦门附近的一个岛屿，它将使英国军队可以控制该城与大陆之间或该城与海上之间的所有联系”[4]，英国政府看中的那个岛屿，就是鼓浪屿。英军攻占厦门以后，在城内烧杀抢掠，直到 9 月 5 日，才秉承英政府的指令，把三艘军舰和三艘运输船以及 500 名士兵留在鼓浪屿[5]，然后离开厦门继续北上。

从 1841 年 9 月 5 日到 1845 年的 3 月 22 日（农历二月十五日）[5]，因所谓清廷付清了赔款，英军才全部撤出鼓浪屿。鼓浪屿遭到英军的武力占据前后共 5 年。英军盘踞鼓浪屿期间，控制着整个厦门港，并以“大英钦奉全权公使大臣兼管驻中华领事署篆璞鼎查”的名义，向香港等地海关发布告示，声称“闽省厦门港口被我船据守，凡有各国船只前往该港之鼓浪屿海面带货买卖者，应蒙我官助佑”[6]。

1842 年 2 月 24 日，美国归正教会传教士大卫·雅裨理（David Abeel）和美国圣公会的牧师文惠廉（Wm.J.Boone）夫妇[7]从香港乘坐英舰来到鼓浪屿，开始传播“福音”。同年 6 月，美国医疗传教士甘明（W.N.Cumming）也赶到鼓浪屿，他们在海边租用民房办了一间医务所，还经常渡海到厦门，甚至到内地活动。[8]

1842 年 8 月 29 日，清政府被迫与英国签订了近代史上第一个不平等条约——《南京条约》，开放广州、福州、厦门、宁波和上海等五处为通商口岸。第二年 7 月 22 日和 10 月 8 日，双方又先后签订《五口通商章程》和《五口通商附粘善后条款》（即《虎门条约》），允许英国人在通商口岸租赁土地及房屋。此后，外国侵略者就利用这些特权，在通商口岸开始伺机开辟租界，逐步在中国扩张势力。

1843 年 11 月 2 日，厦门正式开埠。舰长纪里布（Henry Gribble）为首任英国驻厦门领事，几个月以后，由阿礼国接任，乔治 · 苏里文（George G.Sullivan）任副领事，第 98 团的瓦德上尉（Lieutenant Wade，即后来的英国驻北京公使威妥玛爵士 Sir.Thomas Wade）任翻译员，温彻斯特（Charles Alexander Winchester）为领事馆医生。首批来厦的英国领事官员和前期到达的传教士们在英军的羽翼下，都窝在鼓浪屿的兵营里。

外国史料多处记载，最初来到鼓浪屿的英国人看到的是这个小岛“地多岩石，起伏不平，大部分是不毛之地，但也有不干净的稻田穿插其间，使此地环境极不卫生”；“有一个时期，我们在这里驻扎的部队的死亡率是很可怕的，几乎没有一个军官不生过病”。[9] 事后他们总结鼓浪屿“对 40 年代早期来到这里的传教士和商人们失去了魅力”的原因时，归咎于该岛的卫生状况殊劣，“鼓浪屿要比厦门还不利健康”。[10]

当时，岛上只有内厝澳、鹿耳礁和“岩仔脚”（即日光岩麓）三个民居聚落。此外皆为山石、坡地，田园相当有限。1962 年诗人李禧先生根据“七十余年前郭氏嫂口授”，记录了一首鸦片战争时期的厦门民谣：“炮仔红吱吱，打城倒离离。番仔（按：闽南话，即外国人之意）反，鼓浪屿做公馆。番仔爬上山，城内任伊搬。”说明当时鼓浪屿和其他东南沿海口岸一样，都遭受到“番仔”的肆意烧杀和抢掠。

然而，第一次踏上鼓岛的英国人却发现“岛上有几座整洁的甚至是雅致的郊区别墅，室内摆设着雕刻精美的木家具”[11]，最让他们感到惊讶的是：“他们（按：指鼓岛居民）对欧洲人的风俗习惯比广州商人更加熟悉。他们能够列举东印度群岛的物产和讲述许多地方的政府，如数家珍。新加坡的名字对所有的人都很熟悉”。[12] 看来，当时鼓浪屿人不但有农夫和渔民，还有下过南洋，甚至“对欧洲人的风俗习惯比广州商人更加熟悉”的人。

[1] 关于当时英舰的名称和载炮的数量，可参阅《鸦片战争在闽台史料选编》（福建人民出版社，1982 年版）。

[2] [3] [9] [英] 柏纳德：《“复仇神”号轮船航行作战记》，《鸦片战争在闽台史料选编》，第 168、170 页，福建人民出版社，1982 年版）

[4]《英国档案有关鸦片战争资料选译》下册，第 909 页，中华书局，1995 年版。

[5] 关于英军最后撤出鼓浪屿的时间，各种记载均为 1845 年，但无具体时间。今据中国第一历史档案馆所藏道光二十五年（按：1845 年）闽浙总督刘韵珂等的《敬陈历次筹办福州厦门两处夷人住处情形及鼓浪屿夷兵业已全数撤退缘由折》考证其具体日期。其奏折称：“鼓浪屿夷兵上年十二月间已撤去一队。彼时亚利国以请将空出民房交还。……至本年二月十五日，夷兵皆全行撤退，惟夷官、夷商五人因厦门夷馆甫经兴工建造，仍住屿内所占民房，仅止数座。”（明清档案部藏，全宗 4，150 号卷，第 7 号）道光二十五年二月十五日为 1845 年 3 月 22 日。

[6] 政协厦门市文史委：《厦门的租界》，鹭江出版社，1990 年版。

[7] 因为根据美国归正教会单方面的记载，一向都认为第一个到厦门鼓浪屿传教的只有雅裨理一人。但包罗的《厦门》记载，“文为廉牧

师夫妇和随同他们前来的雅裨理医生于1842年抵达厦门”。毕腓力的《厦门纵横》也说“著名的文惠廉牧师……在厦门只有几年（1842—1844），后来转到上海。他的妻子的遗体安息在鼓浪屿洋人公墓（1842年9月26日）”。可见首批乘坐英舰到鼓浪屿的传教士及家属共三人，并非雅裨理一个人。

[8] Gerald F.De Jong, *The Reformed Church in China* 1842—1952, Wm.B.Eerdmans Publishing Co.Grand Rapids, Michigan ,U.S.A.1992。

[10] [美] 毕腓力：《厦门纵横》，何丙仲编译，厦门大学出版社，2009年版。

[11] [英] 柏纳德：《“复仇神”号轮船航行作战记》，《鸦片战争在闽台史料选编》，福建人民出版社，1982年版。

[12] [英] 麦克法森：《在华二年记》，见《鸦片战争在闽台史料选编》，福建人民出版社，1982年版。

第二章

贩毒与掠卖华工的地方

英军用坚船利炮轰开厦门的门户，并且武装占据鼓浪屿之后，根据《南京条约》，1843 年 11 月 2 日，厦门成为近代中国首批对外开放的五个口岸之一。传教士和以英、美为首的驻厦领事，以及各国商人们马上纷纷跟进。英国人“总认为本岛（按：即鼓浪屿）是一个战略据点，日后会划作英人的居留地。不料《南京条约》谈判时，因种种原因，未向满清皇帝提出租界的要求”[1]。于是，外国商人先到厦门口岸经商，并住在厦门岛上。当时，厦门的洋行至少有以下几家[2]：

英商德记洋行，Tait & Co.，1845 年创办；

被辟为通商口岸不久后的厦门港

禾记洋行遗址

英商和记洋行，初名 Syme，Muir & Co.，1846 年创办，1876 年后更名为 Boyd & Co.；

德商宝记洋行，Messrs. Pasedag & Co.，1850 年后创办；

英商宝顺洋行，Dent，Beale & Co.，1830 年创办于广州，1853 年更名为 Dent & Co.，厦门则称“水陆行”；

英商怡和洋行，Jardine，Matheson & Co.，1832 年创办于广州，1842 年总部迁往香港，其后厦门诸埠设分号；

美商旗昌洋行，Russell & Co.，中国早期洋行之一，鸦片战争之后就到厦门诸埠设立分号，1891 年改组为新旗昌洋行(Shewan,Tomes & Co.)；

美商琼记洋行，Heard & Co.,Augustine 1840 年创办于广州，其后在厦门诸埠设分号或代表处，厦门别称“隆顺行”；

禅臣洋行，Siemssen & Co.，德国航运公司，1857 年创办。

这样算起来，厦门开埠以后外国人在厦门设立的洋行，就不止通常我们所说的“五行”，而且常称“五行”中的“协隆”、“瑞记”，其在厦门设立的时间都迟于上述几家洋行。[3]

厦门开埠伊始，这些洋商就乘机涌进来兴风作浪，又是倾销商品，走私鸦片，又是掳掠华工出国。厦门竟由此一跃而成为全国范围内贩卖鸦片毒品和掠卖华工出口的重灾区，鼓浪屿也成了不法洋商掠卖华工和贩毒的一个据点。

为了利用厦门口岸进一步掠夺中国的经济资源，洋商与领事勾结起来。领事兼商人，商人变领事，成为厦门开埠后的一大怪现状。出名的人贩子英商德滴（James Tait）1846 年任西班牙驻厦领事，1851 年兼任荷兰驻厦领事，1852 年又兼任葡萄牙的驻厦领事。原德记洋行人员、后升任法国和秘鲁驻厦领事的英商康诺利（Connoly）经营贩运苦力往秘鲁的买卖。[4] 英国驻厦代理领事柏克豪斯（J.Backhouse）同时又是英商怡和洋行的大股东。美商布拉德雷（C.W.Bradley，又译作俾列利查士威林，）父子为了贩卖苦力，甚至不惜花费大笔本钱谋取驻厦领事的职位。[5] 各国

19世纪末80年年代初的德记洋行经理住宅（图中左边大楼），当地人称为中德记。

领事争着为本国殖民地的苦力签证，每签发一张契约可得到1银元的报酬。[6]

厦门是当时中国最大的“苦力贸易”中心之一。1845年初，法国人就与厦门的和记洋行签订贩卖中国苦力的合同，同年6月，法国船首次从厦门运载180名苦力往非洲东南部印度洋中的波旁岛，1846年又运去200名。1847年两艘英国船首次从厦门运载640名苦力到古巴（据马士的《中华帝国对外关系史》第一卷第409页载：“第一次用外国船装运苦力是在1847年3月7日，当时约有400～450名移植的苦力”）。据不完全统计，1845—1853年第一季度从厦门出口的苦力人数如下：

年　份	运往地点	人　数
1845	波旁岛	180
1846	波旁岛	200
1847	哈瓦那	640
1848	悉　尼	120
1849	悉　尼	150
1850	悉　尼	406
1851	悉　尼	1478
	夏威夷	199
1852	悉　尼	1077
	夏威夷	101
	卡亚俄（即喀劳，秘鲁）	404
	地麦拉拉	1257
	地麦拉拉	2442
	加利福尼亚	410
1853（1—3月）	悉　尼	254
	卡亚俄（即喀劳，秘鲁）	500
	地麦拉拉	320
	地麦拉拉	2123
总　计		12261

本表转引自吴凤斌：《契约华工史》，江西人民出版社，1988年版。

被贩卖的华工即将离开厦门

公司或栈房设在鼓浪屿的和记、德记以及设在厦门的瑞记、怡和等洋行都是当时从事掳掠和贩卖中国苦力的急先锋。它们利用欺骗手段甚至暴力把因破产而流落厦门港的闽南青壮年像奴隶一样囚禁在洋行的"巴拉坑"（Barracoon）里，往往几百个苦力关在一起，胸前各自按照准备把他们送去的地方，分别烙上C（Cuba，古巴）、P（Peru，秘鲁）或者S（Sandwich，夏威夷）等印记，然后偷偷运到停泊在外港的货船船舱底下，运往外国出售。外国资本主义国家掳掠华工的暴行激起了厦门人民的反抗斗争，1852年11月21日，和记洋行的大班公然冲进衙门进行恐吓，强行要把拐骗犯沈某从兵营里解救出来，因而双方引起冲突。第二天，包括鼓浪屿在内的厦门十八保民众一致罢市示威，申令“嗣后敢有与德记及和记两行往来者，定必置之死地决不宽贷”[7]。24 日，英军悍然向当地群众开枪，结果惨死 12 人，伤 16 人。[8] 这一暴行进一步激起四乡民众的愤怒，最后迫使英国人不得不对当事人罚款了事。其后由于厦鼓民众不断起来反抗斗争，掳掠华工的中心只好暂时移到广东（一度转至浯屿）。1861 年以后，外国列强利用不平等条约，使掳掠华工的行径变成“合法化”的招工，但因为古巴、秘鲁和美国不再输入契约华工，此后由厦门出口的华工则集中于东南亚和太平洋各地，但同样也遭受欺负和盘剥，因而有“日惹（按在今印尼）窟，能入不能出”的谚语在闽南民间流传，鼓浪屿大德记海边原有德记洋行关押华工的“巴拉坑”遗址，“和记”、“德记”这些地名还保存至今。

外国商人从事的第二件罪恶行为就是走私贩卖鸦片。美国学者马士的《中华帝国对外关系史》第一卷里这样说过：“从 1839 年起一直到 1858 年鸦片贸易合法化为止，这种贸易是被一种秘密的帷幕所掩盖。”厦门也不例外，开埠后最早到来的那些洋行中，基本上都有走私鸦片的记录。如大鸦片商渣颠(William Jardine)等人合伙创办的英商怡和洋行、近代出名的鸦片贩子颠地（Dent）创办的英商宝顺洋行和美商旗昌洋行等，当时都是在华最大的鸦片走私商行，它们在厦门都开设有分行。鼓浪屿原来的“宝顺巷”就因那家贩毒的洋行而得名。英国人自己也说：“鼓浪屿实际上是鸦片的一个货栈和走私活动的基地”[9]。此外，像在厦英印

鸦片走私合法化之后，外国人把持的海关乘机收税。这是闽海关的税单。

商人经营的裕记洋行、安记洋行等，也都以经营毒品走私为主业。厦门外港和集美常年都各停泊着两艘囤聚鸦片的趸船[10]。从鸦片走私到鸦片贸易合法化短短的一二十年间，据1870年《海关年度贸易报告》所载："鸦片几乎成了人们的必需品。……在厦门城及其邻近的城镇，鸦片的吸食者占成年人口的15%～20%。"[11]据1878年英人的统计，鼓浪屿上人口不到3000人，却有4家鸦片烟馆。[12]厦门港鸦片的进口和再出口的数量也很惊人，19世纪60年代每年平均都在5000担上下，价值300多万元左右。

这些不法洋商还把进口肥料——鸟粪堆放在鼓浪屿。1866年这一年，在免税进口的待遇下，大约有2万担鸟粪运进鼓浪屿，并在那里盖了一座大型的铁制仓库以存放鸟粪。此前一年的1865年，已先期有2.8万担鸟粪被运到这里。[13]2400吨的鸟粪同时屯集在这么一个小小的岛屿上，加上和记、德记洋行的"巴拉坑"与鸦片烟馆，当年鼓浪屿人生活的环境相当恶劣。

[1] 转引自余丰、张镇世等著的《鼓浪屿沦为"公共地界"的经过》，载《厦门文史资料》第3辑。

[2] [3] 资料来源于黄光域编纂的《外国在华工商企业辞典》(四川人民出版社，1994年版)。根据该辞典，美商协隆洋行（Fearon Low & Co.；Fearon,Daniel & Co.）1876年才开办，并在厦门设分号；西班牙商瑞记洋行（Malcampo & Co.）创办于1891年。

[4] J.K.Fairbank（费正清）：Trade and Diplomacy on the China Coast,1842—1845，卷一，第213～214页。

[5] 陈孔立、蔡如金：《帝国主义侵略厦门和厦门人民的反帝斗争》，载《厦门大学学报》1961年第3期。

[6]《华工出国史料汇编》(二)，第21页，中华书局，1985年版。

[7]《英国蓝皮书》，转引自吴凤斌所著的《契约华工史》第54页，江西人民出版社，1988年版。

[8] [英] 坎贝尔:《中国的苦力移民》,第三章;转引自《华工出国史料汇编》第四辑,第 350 页,中华书局,1985 年版。

[9] [12] [英] 翟理思:《鼓浪屿简史》,载何丙仲编译的《近代西人眼中的厦门》,厦门大学出版社,2009 年版。

[10] [美] 马士:《中华帝国对外关系史》第一卷,第 610 页,上海书店出版社,1990 年版。

[11] 厦门市至编纂委员会、《厦门海关志》编委会:《近代厦门社会经济概况》,第 45 页,鹭江出版社,1990 年版。

[13]《近代厦门社会经济概况》,第 18 页,鹭江出版社,1990 年版。

第三章

列强势力重返鼓浪屿

鸦片战争以后，中国逐渐沦为半殖民地半封建社会。清政府为了满足自己的穷奢极侈和支付巨额赔款，加紧对老百姓进行盘剥搜刮。闽南地区的农民和手工业者纷纷破产。他们或被迫下南洋谋生，或被当成“猪仔”拐卖出洋，或者组织秘密会社开展各种各样的抗租、抗粮斗争。1853 年终于爆发了闽南小刀会起义。同年 5 月 14 日，清朝地方当局通知英国驻厦领事说，起义军正向厦门挺进。15 日，领事命令鸦片趸船驶入内港，以便保护。[1] 英

建造在鼓浪屿的厦门海关理船厅公馆，又称总巡公馆

国人紧接着在怡和洋行、宝顺洋行的收货船保护下，跑到鼓浪屿避难。从此以后，在厦的外国人陆续到鼓浪屿居住。

为了攫取更多的特权，帝国主义列强于1856年又发动了侵华的第二次鸦片战争。其后，根据《北京条约》，列强开始在各通商口岸建立海关和开辟租界。1862年（同治元年），英国人华德（W.W.Ward）担任厦门海关的第一任税务司，厦门港口的管理大权从此落入外国人手里，洋商、领事和其他列强势力乘机蜂拥而入，在厦门抢占地盘。

早在1844年9月，英国领事就在厦门的较场（按：在今厦门大学校园内）和水操台划定了租界。1852年，又将租界重新选择在鸟空园至头巾礁一带（按：在今厦港海滨）的海滩，1862年厦门英租界最终确定，总面积为24.697亩。[2] 由于厦门口岸的门户已经完全被拱开，外国商品大量在当地倾销，因此在表面上，厦门英租界很快就"繁荣"起来。1865年，厦门有洋行11家，船具商行2家，船坞2所；到1880年，设在厦门的外商洋行、银行就达24家，华商的批发商行达180余家，其中比较重要的外商洋行、银行大多都开设在英租界内，华商则大部分集中在英租界附近。[3] 据黄光域的《外国在华工商企业辞典》所载，19世纪60年代开始在厦门设立的大洋行有：英商怡记洋行（Elles & Co.）、美商旗昌轮船公司（Shanghai Steam Navigation Co.）、英商德忌利士公司（Douglas Lapraik & Co.）。此外，英租界内外还有一些洋行或批发商号，如"贝拉米洋行（Beilamy & Co.）、福斯特洋行（J. Foster & Co.）、机利士洋行（Giles & Co.）、拉普莱克·卡斯洋行（Lapraik Cass & Co.）、宝顺洋行（Dent & Co.）、水陆洋行（H.D.Brown & Co.）、协隆洋行（Fearon Low & Co.），以及零售商号台湾记洋行（N.Moalle & Co.）、新泰兴洋行（Wilson & Co.）、新利记洋行（Thomsen & Nichols）、勿朗洋行（F.C.Brown & Co.，当地俗称龙头酒垄）、德建药房（Dakin Bros）。另外还有屈臣氏大药

风光迷人的厦门港口

房(A.S.Watson & Co.)和主利大药房(C.Whitfield & Co.)”[4]等。

这个全中国面积最小的租界渐渐难以容纳日益增多的外国人。于是,列强势力重新盯上厦门对面的鼓浪屿,发现“由于环境以及自然风光的迷人,有优美的港口,还有群山的环抱,沿着整个中国海岸再找不到比这里更美的地方”[5]。

随着洋商洋行的涌进,列强国家也纷纷派遣领事到厦门口岸,在鼓浪屿设立领事机构,有的国家还建立领事馆。1862年之前,在厦门只有英、美两个国家的领事。1908年英国人包罗就指出:“根据1865年那年的年鉴,当年厦门共有三位正式的领事,他们即英国、西班牙和美国的驻厦领事,其他国家只有商务领事而已。”[6]乔治·休

19世纪60年代后，列强在鼓浪屿占地建房。

士在1870年的“海关报告书”上说得更加具体，他说：“(此前)由领事所代表的外国政府有美国、丹麦、法国、英国、荷兰、北德意志联邦、葡萄牙、西班牙、瑞典和挪威。美国、英国和西班牙领事属于他们所代表国家的公职。英国领事同时兼任北德意志联邦的领事。西班牙领事同时兼任法国的副领事。其他国家的领事则由不同商行的成员担任。”[7]

1862年以后，“英国租借地在厦门海后滩，还准备建码头，其背后是成排的洋行。它是厦门城区主要的商业地带，对外贸易在这里经营，最主要的中国商人

1876年英商怡记洋行的Anathema Cottage(闲乐居)

们的商行也坐落在附近。多数外国人每天从他们在鼓浪屿的家渡海到厦门办公”。[8]由于各国领事、海关税务司人员、商人和传教士团体纷纷到鼓浪屿占地造房，岛上的土地就这样一块块被侵吞掉。西方“文明人”攫取鼓浪屿的土地，其手段几近巧取豪夺。1855年9月，美国归正教会的传教士借口兴建教堂，勾结黄狮、黄猪等不肖之徒，强占日光岩麓黄家的厝地。1896年，日本领事未经清政府地方当局同意，就先以两千元白银的低价，半哄半逼地占有“五个牌”到浪荡山的一大片山地。其他以唆使不法歹徒伪造地契，或引诱地方小吏、劣绅为虎作伥等等勾当来占用土地的事例，也屡见不鲜。[9] 1862年至被辟为公共租界的40年间，

19世纪70年代以后，外国人大量进住鼓浪屿。

鼓浪屿居住条件最好的地段大部分已被列强势力零敲碎打，用“民租”的形式占有了。

外国人占据的都是鼓浪屿靠海边视野开阔、空气流通的高地。当时的英国人“大部分人就在鼓浪屿建造私人房子。鼓浪屿，是一个靠近厦门的有许多岩石的小岛，有着许多建楼筑屋的绝佳之地。……他们可以如同在欧洲那样舒适而且健康地在本地生活八年或者十年”[10]。鼓浪屿第一座有文字可据的洋房，是1859年美国领事海雅（Hyatt）所建的榕林别墅（The Villa of Banyans），第二座是西文名字为Eekee Junior Mess的房子。[11]当年的名楼保存至今者甚少，比较有代表性的当推1876年英商怡记洋行的“闲乐居”（Anathema Cottage）。洋人不相信中国人的“风水”之说，特意选择在今鼓新路那块巨岩的顶上建造这幢自称是“鼓浪屿最奇特而又最具有吸引力的人工景观”[12]。

当年外国人建造的那些建筑物，如今基本上已经倾塌殆尽，或被改建得面目全非。从外文资料可以查到鼓浪屿当年有过曾经小有名气的打马字牧师公馆（1878年）、道弗尔先生带花园的住宅，还有M. 比兹利先生和德记洋行的产业，[13]以及田尾一带英商汇丰银行大班华列士（W.H.Wallace）的住宅旁边的那座花园（被誉为“厦门的一道风景线”、“中国最美的花园”[14]）等等。翻开百年前的鼓浪屿旧影，如果不是山形地貌依稀可辨，时人说不定会把这里当成某个南欧小镇。

[1] [美] 马士：《中华帝国外交关系史》（第一册），第505页，上海书店出版社，1990年版。

[2] [3] 费成康：《中国租界史》，第292页，上海社会科学院出版社，1991年版。

[4] [5] [美] 毕腓力：《厦门纵横》，何丙仲编译，厦门大学出版社，2009年版。

[6] [英] 赖特主编：《20世纪香港、上海和其他条约口岸的印象》；转引自余丰、张镇世等著的《鼓浪屿沦为“公共地界”的经过》，载《厦门文史资料》第3辑。

[7] 1870年 [英] 乔治·休士的“海关报告书”，《近代厦门社会经济概况》，第73页，鹭江出版社，1990年版。

[8] [14] [英] 包罗：《厦门》，辑入何丙仲编译的《近代西人眼中的厦门》，厦门大学出版社，2009年版。

[9] 政协厦门市文史委：《厦门的租界》，鹭江出版社，1990年版。

[10] [英] 休士：《厦门及周边地区》，辑入何丙仲编译的《近代西人眼中的厦门》，厦门大学出版社，2009年版。

[11] [12] [13] [英] 翟理思：《鼓浪屿简史》，辑入何丙仲编译的《近代西人眼中的厦门》，厦门大学出版社，2009年版。Anathema Cottage，原字面解释即非常令人嫌恶的小屋、小别墅，应为诙谐语。今试译为“闲乐居”。

第四章

擅自据为居留地

在洋商、传教士在鼓浪屿大兴土木的同时，帝国主义列强派驻到厦门的领事也先后在鼓浪屿安家落户，有些国家还建造了领事馆，各国的国旗在鼓浪屿岛上飘扬。

英国是第一个向厦门派驻领事的国家。道光、咸丰两朝的《筹办夷务始末》都有文献记载首任领事记里布在鼓浪屿租用民房的事。道光二十五年（1845 年）三月十五日闽浙总督刘韵珂等给皇帝上奏的《敬陈历次筹办福州厦门两处夷人住处情形及鼓浪屿夷兵业已全数撤退缘由折》还提到，英军撤出鼓浪屿的前一年（1844 年）七月间，记里布就“在厦门择得官、荒二处，为建造

英国领事馆

美国领事馆

夷馆（按：即领事馆）之所”，其后，继任领事阿礼国“勘有兴泉永道旧署余地一段，自兵燹之后废为瓦砾之场，可以建屋”，就叫厦门地方当局建了让他租来使用，直到“同治二年（1863 年）夏四月”，才把领事馆迁到鼓浪屿。刘韵珂等所说的与原厦门图书馆大院内现存的《重建兴泉永道署碑记》的记载基本一致。可见，1845 年至 1862 年英国是在道台衙门（遗址在原厦门市图书馆内）废址租用中方所建的“夷馆”充作领事馆，1863 年才迁至鼓浪屿自建领事馆。

美国也是最早派遣领事到厦门的列强之一，首任领事俾列利查士威林（C.W.Bradley，即美商布拉德雷）1849—1854 年就在厦门活动[1]。美国领事海雅虽于 1859 年已经在鼓浪屿建造了公馆，但并没有建领事馆。1912 年美国人毕腓力在其著作中指出：1871 年美国领事李让礼（General LeCendre，或译作李仙得）

和中国地方当局签订契约，得到三丘田路头附近的地产，先是让其他外国人创办一所海上医馆（Marine Hospital，1871—1891），后来这所医院倒闭，“所以自 1893 年起它就成了美利坚合众国领事馆，以及官方代表的公馆”[2]。据此可以确定，美国驻厦门领事馆乃建于第 11 任领事璧洛（Edward Bedler）任内的 1893 年。

兹将继英、美两国之后，各国首次派遣领事的时间和领事的名字列表如下：

国　别	领　事	首任派驻时间
日斯巴（西班牙）	非拉日栋 Fiburceo Faraldo	1863—1870 年（1846 年由英商代理）
丹　麦	[英] 伊理士 Jamieson Elles	1863—1867 年《近代中国专名翻译辞典》载其 1861 年兼任丹麦驻厦门领事）
葡萄牙	[英] 德滴 James Tait	1863 年兼任
德　国	巴仕楠 Charles Julius Pasedag	1864—1866 年
法　国	绒信 A.R.Johnston	1864—1867 年署理领事
荷　兰	绒信 A.R.Johnston	1864—1867 年任副领事
瑞挪联盟	古利嘉查厘 Charles Kruger	1867.4—1869 年
奥　匈[均由领事兼]	柏威林 Pedder,William Henry	1874—1880 年兼任
日　本	福岛九成 Fukushima Kushige	1875.4—1876.8
比利时	范嘉士 Francis Cass	1891.6—1902.3 兼任
夏威夷	[英] 勿汝士 R.H.Bruce	1897.9 兼任
意大利	福罗秘车利 Z.Volpicelli	1902.7
墨西哥	邬彦努	1903. 11 署理领事
俄　国	[法] 陆功德 G.E.Lecomte	1907 年兼任

资料来源：中国第一历史档案馆、福建师范大学历史系合编：《清季中外使领年表》（中华书局，1985 年版）。

建于1863年的协和礼拜堂

当时的外国人说，“鼓浪屿几乎全成了住宅区”[3]，岛上不但有领事馆、领事公馆和税务司“最重要的官员们”的花园式住宅，海滨还有一座可以“打打网球、板球和曲棍球”的俱乐部。此外，还有“三个基督教差会的一些较为高等的教育机构”，以及建于1863年的协和英国礼拜堂，建于1880年的杜嘉德纪念礼拜堂和寻源书院的打马字纪念堂。还有“一两家外国商店”和“几个邮电局以及电报营业所；两座有阅览室和图书室的俱乐部；两家旅社和好几间药房”。[4]

以英国为首的列强根据不平等条约，根本没有经过清政府准许，就擅自把鼓浪屿划作居留地。

1864年太平军李侍贤的残部南下漳州，在厦门和鼓浪屿的外国人极为恐慌，当时港内停靠的有“燕子号”(Swallow)和“鸽子号”(Dove)两艘英国舰艇，还有“志愿者和雇来的巡丁”在鼓浪屿和厦门英租界日夜巡逻，“海关也组织了一个有25到30个人的小队伍由税务司来操练”。同时，英国人还向香港求援。香港英方当局“紧急派来了皇家炮艇“贾纳斯号”(Janus)和“弗拉默号”

(Flamer)，约翰 · 图克上尉听到厦门受到威胁，便自作主张把他的“巴斯塔特号”（Bustard）从福州开到厦门港，载有 22 门炮的皇家海军“佩洛鲁斯号”（Pelorus）顺便也开到这里来”。[5]

在英国侵略者乘机在中国的土地上炫耀武力，企图染指鼓浪屿的时候，德国也对它垂涎三尺。早在 1863 年，德国海军就派遣“羚羊号”军舰到厦门一带搜集情报。1870 年又派“亥尔塔号”军舰到鼓浪屿逡巡。[6] 19 世纪 70 年代初期，德国国内的高层人物妄图在中国沿海建立一个进一步侵略这个国家的跳板，先后在《星报》、《北德公共日报》、《福斯时报》和《地球仪》等报刊上大造舆论，企图吞并厦门鼓浪屿，使之成为类似澳门或是香港的地方。1870 年 4 月 2 日，北德同盟首相俾士麦指示驻华公使李福斯，要他和中国政府谈判关于“在中国海岸中心地点或在与该海岸附近的岛上”取得一个海军站的问题。在这件训令中，俾士麦指出，“海军当局主要紧靠厦门的鼓浪屿和舟山岛上定海附近的一片土地，是特别适宜于建立海军仓库的地点”。接着，德国的海军上校瞿勒率领军舰“本尔塔号”到舟山和鼓浪屿实地勘察，并于 1870 年 10 月 29 日向海军部建议：“在厦门附近的鼓浪屿，不使人注意地和事先不经过协商地设立一个野战病院和海军仓库。用这种方法，可能在短时期着手于所希望的居留地，并预计在引起中国政府注意到这件事以前已经可以得到结果，那些以后也许和地方官厅必要的谈判可由领事主持，如有需要，北京公使馆才加入对此事决定”。[7] 1873 年 7 月 25 日，德国海军少校白兰光在给海军部的报告中，列举德国可以在中国夺取的几个地点中，又再次提到鼓浪屿。直到 1895 年 4 月，德国海军大臣何尔门在致外交大臣马沙尔男爵的函件中，还强调厦门和鼓浪屿“有优良的地势，良好的港口，兴旺的商业”，是作为在中国设立军港最有价值的地点。德国皇帝威廉二世还下令：“必须立刻占领厦门。占领成功后再与中国政府开始谈判。”[8]

德国企图侵略厦鼓不光是制造舆论，而是已开始付诸行动了。[9] 1870年以后德国船只进出厦门港的数量和吨位逐年有所增加，1871年德国进出厦门港的吨位还在英、美、法之后，名列第四,而1875年度德国帆船的数量与吨位已超过了英国。1878年以后，在进出港船只中，从数量与吨位来看，德国已经逼近老牌的英国，某些年份甚至还超过后者。

与此同时，东邻的日本看到列强对满清政权统治下的中国任意宰割，不免眼红。它企图通过缔结商约，按照“西人成例”，也达到取得与西方列强“一体均沾”的目的。当时日本羽毛未丰,尚不便大声叫板，但腐败无能的清政府害怕这些外国侵略者“彼此声势相联”,还是坐下来和日本进行谈判,议定“修好条规”。1875年4月，日本向厦门派驻了兼管福州、淡水、台南的领事。

日本的蠢蠢欲动,引起其他列强的警觉。1877年(光绪三年),英、德两国彼此通过秘密谈判，互相勾结在一起。同年7月间，英国驻厦领事阿拉巴斯特（C.Alabster）[10] 和德国驻厦领事璧斯玛（C.Von Bismarck）[11] 联名给兴泉永道台司徒绪一份照会,要求设立“工务局”，同时抄送擅自拟定的10条章程，准备着手管理鼓浪屿。翌年夏，他们又借口“除逆缉匪”，再次向兴泉永道提出申请。司徒绪在转禀闽浙总督何璟的密件中指出,“英、德在照会中讳莫如深，不直言‘租界’，而以设立‘工务局’为理由，进行缠扰”。为了排除英、德两国今后得寸进尺的麻烦，何璟在致总理各国事务衙门的信函里也指出:“外国人企图阳袭上海工部局之名而阴收包占鼓浪屿之实。”[12] 因此，清政府对英、德两国驻厦领事的无理要求，不敢遽而答应。

英、德两国驻厦领事设立“工务局”、“包占鼓浪屿”的阴谋一时没有得逞。然而，英国驻厦领事并不甘心，他过后多次照会清政府地方当局，要求在鼓浪屿修整马路、开水沟、立路灯，并以岛上洋人产业多于华人十倍为理由，提出设捐筹款的章程，强调捐款的用途，须由外国人商议，才算“公道”。1886年公然无视清政府地方当局，擅自组织一个“鼓浪屿道路墓地基金委员会”(Kulangsu Road and Cemetery Fund)，简称“道路委员会”(Road Committee),成员全由外国人组成,由英国驻厦领事佛礼赐（R.J.Forrest）牵头，成员有：英国伦敦差会传教士麦高温(J.Macgowan)、厦门海关税务司柏卓安（J.Mcleavy Brown)、大北电报局经理苏恩逊（A.Suenson)、厦门海关船舶检查官安迪生（L.A.Andersen)、厦门港口医生雷力泽（R.S.Ringer)；名誉秘书为德记洋行大班勿汝士（R.H.Bruse)。[13] 这个“委员会”非法向鼓浪屿岛上居民“筹款”，办法如下：人头税每人每年5元，人力车每辆每年5元，马每匹每年10元，其他车辆每辆每年10元，坟地每块15元。

早期的传教士在鼓浪屿居家过日子

19世80年代，鼓浪屿已成了外国人居留地。

后来，列强势力不满意这个“道路委员会”尽做些修筑马路和洋人公墓（番仔墓），在路旁种树、悬挂煤油路灯等事，老是抱怨这个委员会“没有实权来采纳或执行任何律例。它只能挂牌行事”。[14]因此，列强势力开始千方百计策划划分租界的阴谋。1897年夏天，居住在鼓浪屿的外国人拟就“一份《鼓浪屿市政事务改善计划》，并提交各国驻北京公使团批准。很有可能因这个计划没能像别的那样取得一致的支持，因此没有结果”[15]。这个所谓的“改善计划”虽然没有实现，但至少可以说，19世纪的最后10年，列强国家的领事们丝毫没有放松各种“努力”。

这段时期，据“道路委员会”的秘书约翰·麦高温宣称：由于“这里外国居民数量较多……负责管理鼓浪屿的（中国）官员们感到情况很棘手”，所以建立过一支警察力量，但“他们没有权利进入任何外国人的住宅，也不敢逮捕任何声称与外国人有交往的人”，因而“已经蜕化成一支毫无作用也毫无影响的队伍”。[16]列强势力因有武力做后盾，视清政府地方当局如草芥，动辄以武力加以恫吓威胁，屡屡在鼓浪屿这块中国的土地上撒野。1881 年度的厦门"海关报告书"说，德国洋行无视规定，在厦门开设一家制造铁锅的工厂，而另一家英国洋行——裕丰洋行也在鼓浪屿设立一家同样的工厂，厦门当局照会德、英两国领事，要求它们停产，但外国人蛮不讲理，悍然予以拒绝。"1882—1891 海关十年报告书"里还记述 1882 年 11 月 20 日，德国一家名叫葛拉的洋行因违反厦门地方当局的规定，所制造的铁锅被厘局没收，可"12 月 29 日，一大批武装人员从德国军舰上登陆，手持刺刀开进厘局，强行夺回被扣押的铁锅运到德国领事馆"，德国公使巴兰德竟然咆哮："谁敢在那里碰一碰这些东西，倘有危险，自己负责"。[17]

19 世纪末期，鼓浪屿离开沦为"国中之国"——公共租界仅一步之遥。

[1] 中国第一历史档案馆、福建师范大学历史系合编：《清季中外使领年表》，中华书局，1985 年版。

[2] [4] [14] [15] [美] 毕腓力：《厦门纵横》，何丙仲编译，厦门大学出版社，2009 年版。

[3] [英] 包罗：《厦门》，辑入何丙仲编译的《近代西人眼中的厦门》，厦门大学出版社，2009 年版。

[5] [英] 休士：《厦门及周边地区》，载何丙仲编译的《近代西人眼中的厦门》，厦门大学出版社，2009 年版。

[6] 陈孔立：《厦门史话》，上海人民出版社，1990 年版。

[7] 俾士麦和德国的海军上校瞿勒的言论，见《十九世纪的德国与中国》，施丢克尔著，乔松译，北京三联书店，1963 年版。

[8]《德国文件中有关中国交涉史料选译》，转引自政协厦门市文史委编：《厦门的租界》，鹭江出版社，1990 年版。

[9] 厦门市志编纂委员会、《厦门海关志》编委会：《近代厦门社会经济概况》，鹭江出版社，1990 年版。

[10] 余丰、张镇世等撰《鼓浪屿沦为"公共租界"的经过》一文作

“英国啊领事（C.Alabster）”（《厦门文史资料》第三辑）；厦门市政协文史资料委员会所编《厦门的租界》作“英国领事阿”；1978年张镇世、洪卜仁等著《鼓浪屿简史》（油印本）作“英国领事阿礼国”。查《清季中外使领年表》：1868—1880年英国驻厦门领事为柏威林（William Henry Pedder），而非C.Alabster，其人当时疑为副领事，或署领事。

[11] 查《清季中外使领年表》，1877—1879年德国驻厦门领事兼辖台湾者为璧斯玛（C.Von Bismarck）。

[12] 所引兴泉永道台司徒绪与闽浙总督何璟的信函内容均转引自政协厦门市文史委编：《厦门的租界》，第11～12页，鹭江出版社，1990年版。

[13] 余丰、张镇世等所撰的《鼓浪屿沦为“公共租界”的经过》一文，载政协厦门市文史委编：《厦门文史资料》第三辑。该文根据英文音译作“英国驻厦领事福勒斯（R.J.Forrest）；英国伦敦差会传教士马约翰（J.Macgowan）；厦门海关税务司勃鲁门（J.Mcleavy Brown）”。现采用他们通用的中文名字。R.J.Forrest：汉名佛礼赐，1881—1893年任英国驻厦领事；J.Macgowan：汉名麦高温，英国伦敦差会传教士；J.Mcleavy Brown：汉名柏卓安，1882—1888年任厦门海关税务司。

[16] 厦门市志编纂委员会、《厦门海关志》编委会：《近代厦门社会经济概况》，第317～318页，鹭江出版社，1990年版。

[17] [德] 施丢克尔：《十九世纪的德国与中国》，第156页。该书记载，当天“由德国驻扎在厦门的海军上校布朗克命令巡洋快舰‘施陶煦’号、‘伊丽莎白号’和炮艇‘箭号’派陆战队登陆，封锁从码头到厘捐局的街道，冲开厘捐局的大门，把铁锅抢到鼓浪屿德国领事馆去”。

第五章

“惘吓瓜分剧狡狯”

明治维新以后，日本帝国主义妄图侵占我闽台两地的野心开始暴露出来。1875 年，日本向厦门派驻领事，把侵略的目标锁定在厦门和鼓浪屿。1894 年甲午战争以后，日本根据《马关条约》，不仅割占了我国的台湾、澎湖，还在条约签订后的第二年，又援引所谓的《公立文凭》[1] 第三款，要求在厦门设立“专管租界”，阴谋将此地作为侵略中国大陆的跳板。1897 年，日本署理公使内田康哉照会清政府，提出将厦门和鼓浪屿划出 22 万坪土地，作为“专管租界”[2]。清廷明知日本人“肆意婪索，希冀联接台湾声势”，“不可不慎”，但又担心“沿海形势他国商人有无妨碍”，于是赶快派员“前往逐细履勘”，以备辩驳。[3]

1899 年 1 月 24 日，日本驻厦领事上野专一照会兴泉永道恽祖

日本企图在鼓浪屿强行划定专管租界

祁，要求在厦门划出“近沙坡头之海岸，即民船寄碇之处起，包括背后一带山岭之地，沿海至瑞记洋行止；又从鼓浪屿西岸纱帽石（按：即今之燕尾山，或称洲仔尾）起，海面亦务从宽广，预备将来填筑至‘五个牌’止。是两处均作为日本专管租界”。前者4万坪；后者13万坪，约占鼓浪屿全岛面积的三分之一，来抵换前年提出的“生屿（按：即嵩屿）和大屿内对鼓浪屿之沿海10万坪”。日本领事事先已准备好“绘画明晰（的）界画两纸”，强调依此定界。1月28日，恽祖祁照复日本领事说，索租的两处，因“地段较广，自应酌定相宜一处”，除向总理各国事务衙门汇报外，还提醒对方“必须与地方民情并无妨碍，方谓相宜”。2月1日和5日，恽祖祁与厦防同知方祖荫、通商委员王寿衡等到厦、鼓两地实地查勘，认为厦门“沿海一带为中国招商局及各国轮船下锚停泊、起下货物通商之处。岸上城坊街市，居民栉比，密若蜂房。山腰岭脊，坟墓叠如鳞次。……沙坡尾接连打石字一带，海面则海船停泊，岸上则行栈林立”，又是厦港船户避风的唯一所在，要划界恐怕“实无办法”。而“日本所指厦门之鼓浪屿纱帽石起至‘五个牌’止一地”，其中纱帽石左首山下有英商栈房（按：即厦门机器公司的厂房），大石尾山顶有许多民间坟墓及闽海分关（按：即饷关）一所，大石尾山脚下至纱帽石中间还有“洋人公用马路两道”。最后，经测量，得出“自纱帽石山下水沟起，自南至北，横量至‘蚵房田’止；又自‘蚵房田’起，自北至南，横量至‘五个牌’止；又自马路起，自东至西，直量大潮退落海滩止；共量见工部尺三万三千八百三十一方丈二十九方尺七方寸五十一方分六十七方厘二十方毫。坪数照此核计。内分为十段二十八零尖，以图为凭”，并且要日本人“查照向章，每方丈每年应缴租税一两”。[4]

日本设立专管租界的阴谋，引起其他列强势力的关注。1899年2月8日，美国驻厦领事巴詹声（A.Burlingame Johnson）向道台恽祖祁和通商委员王寿衡打听消息。恽道台说，专管租界的事还没定，还得听听“厦门众议公论”。巴领事听罢，说：“这个自然，厦门怎能有专管租界？如果好要，我美国早就要了”。德国驻厦领事梅泽（Coustntin Merz）担心日、美两国暗中作祟[5]，当天也赶来施加压力。3月10日，巴詹声送来一份强硬的正式照会，说日本把鼓浪屿划了三分之一作它的专管租界，他“必须把话说清楚：‘如果厦门通商口岸内有专管租界答应他国，致与敝国应得之利益有碍，敝国均难允准’”。又说，假如日本以台厦有商务往来为借口要辟专界，那么厦门口岸和小吕宋（按：即菲律宾，当时是美国的殖民地）的关系更有理由，“倘贵国计议可将鼓浪屿岛内日本未请之地作为美租界，本领事自可禀由敝国朝廷核议”。最后还威胁说：若不按照我们说的去做，别怪我们不客气。[6] 恽道台接到照会，第二天赶快照复，说“各国通商”，大家“情谊和洽”，千万别听那些“浮言风闻”，坏了感情。[7] 同一天英国驻厦领事胡力樯（Richard Willet Hurst）也到衙门拜会，宣称：“奉本国钦使电，厦门鼓浪屿各国通商，不能有租界；惟鼓浪屿须由中国会同领事派员设立巡捕捐费，清理街道，以除热病”，还要求在中国的国土上联合设立巡捕。英国人开辟“公共租界”的阴谋终于露出马脚。对英国领事这个非分的要求，恽祖祁断然予以拒绝，回答他说：“鼓浪屿设巡捕等事，查系英领事咨边前宪（按：即前任闽浙总督边宝泉）五款之一，已奉咨驳有案”。[8]

当日本领事要求在厦门鼓浪屿强划专管租界的时候，厦鼓人民极为愤怒，纷纷起来罢海、罢市，以示反抗。厦门港渔户金广顺暨振益号等73家铺户、张后保董事附贡生陈梅率合保千余户、张后保五品军功林建辉、监生李伯棠等26家铺户275人分别发动起来，强烈抗议，鼓浪屿监生黄联察等表示：“察等世居鼓浪屿内厝澳社，于今500余年。民居稠密，坟墓毗连。若作日本租界……本社居民不下数千人，势必相率阻挠！”[9]

恽祖祁深感到群情激昂，众怒难犯，再加上英、美、德等国

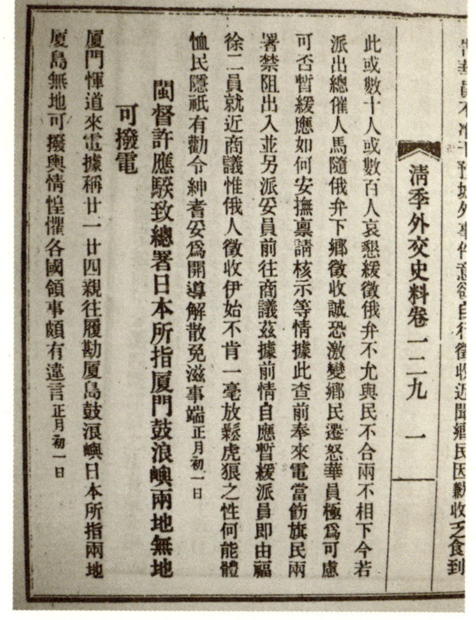
清季外交史料卷一二九　一

此或數十人或數百人哀懇緩徵俄弁不允與民不合兩不相下今若派出總催人馬隨俄弁下鄉徵收誠恐激變鄉民遷怒華員極爲可慮可否暫緩應如何安撫稟請核示等情據此查前奉來電當飭旗民兩署禁阻出入並另派妥員前往商議茲據前情自應暫緩派員即由福徐二員就近商議惟俄人徵收伊始不肯一毫放鬆虎狼之性何能體恤民隱祇有勸令紳耆妥爲開導解散免滋事端正月初一日

閩督許應騤致總署日本所指厦門鼓浪嶼兩地無地可撥電

厦門惲道來電據稱廿一廿四親往履勘厦島鼓浪嶼日本所指兩地厦島無地可撥輿情惶懼各國領事頗有違言正月初一日

闽浙总督许应骙致总理各国事务衙门的电文

领事反对一国独占，他想如果把专管租界划给日本，无异火中取栗，于是向闽浙总督禀报，以厦门地势偪窄，又有各国洋行栈房，且坟墓累累，实无隙地可拨，故意坚持只有鼓浪屿地段充作日本专管租界最为合适。最后谈判未有结果，日本公使遂对总理各国事务衙门施加压力，声称恽祖祁阻挠日本在厦门开辟租界，公然要求清政府予以撤换。

因这件事无法就地解决，最后移送北京，由各国公使同清廷总理各国事务衙门商议。英国公使坚决反对在鼓浪屿划地作日本专管租界。商议结果，日本放弃鼓浪屿租界的要求，而英、美等国对日本提出将厦门虎头山脚以北 4 万坪的土地做租界一事，也乐得做个顺水人情，不予阻拦。1899 年 8 月 12 日，清政府改派来负责划界的前任道台周莲会同日本人到虎头山插旗划界，激起当地民众的愤怒，至 25 日厦门民众还举行罢市罢海，以示抗议，迫使签约、划界不能进行。最可悲的是腐朽无能的清政府一任外人宰割，还恬不知耻地叠电催促“速将厦门虎头山脚拨出地段作为日本租界，俾可了案”。

当时闽南诗人苏荪浦有《禽言诗》控诉当时帝国主义列强“恫吓瓜分”我国领土的罪行，诗云：“咄咄怪。强者胜，弱者败。畴教鼾睡来榻旁，恫吓瓜分剧狡狯。龙头渡对虎头山，可怜势力范围大。如此江山被占量，行人只说公共界。咄咄怪！”[10]

[1]《公立文凭》，光绪二十二年（1896 年）九月十三日荣禄等人和日本公使在北京签订。其第三款提出“一经日本政府咨请，即在上海、天津、厦门、汉口等处设日本专管租界”。

[2] 光绪二十三年（1897 年）二月二十九日《通商总局司道来咨》，见《近代史资料》1963 年第 3 期。

[3] 光绪二十三年（1897 年）三月初一日恭亲王、庆亲王、李鸿章、李鸿藻、荣禄、敬信、翁同龢、崇礼、许应骙、吴廷芬、张荫桓联名签署的《总署致督署函》，内称：“厦门洋商杂处，与津、沪情形颇不尽同，鼓浪屿对岸一带地濒海岸，必有往来津要……于沿海形势他国商人有无妨碍？”见《近代史资料》1963 年第 3 期。

[4] 本段的引文均出自《厦防同知方祖荫、通商委员王寿衡详文》，见《近代史资料》1963 年第 3 期。

[5] 光绪二十四年（1898 年）十二月二十八日《与美领事议日租界问答呈督帅》，见《近代史资料》1963 年第 3 期。

[6] 光绪二十五年（1899 年）正月二十九日《美国巴领事照会》，见《近代史资料》1963 年第 3 期。

[7] 光绪二十五年（1899 年）正月三十日《照复美领事巴》，见《近代史资料》1963 年第 3 期。

[8] 光绪二十五年（1899 年）二月初一日《再电督帅》，见《近代史资料》1963 年第 3 期。

[9] 本段的引文均出自《厦防同知方祖荫、通商委员王寿衡详文》，见《近代史资料》1963 年第 3 期。

[10] 李禧著，何丙仲、吴仰荣校注：《紫燕金鱼室笔记》，中国广播电视出版社，1994 年版。

第六章

软硬兼施的荒唐骗局

1900年，我国北方爆发的义和团运动波及了闽南，厦门城内出现义和团的布告[1]，一时风声鹤唳，草木皆兵。日本驻厦领事趁此机会，唆使日本僧侣于8月23日深夜纵火焚烧厦门山仔顶日本人所建的东本愿寺。[2]第二天上午，预先停泊在厦门港内的日本战舰“和泉号”借口保护侨民，立刻派遣陆战队登陆，在厦门的市街站岗放哨，检查行人。据目击过这个被称作“日本人讹诈”(Japanes Scare)事件的外国人事后说：当时日本人企图以武力占领厦门和鼓浪屿，“海军遍布厦门。他们昼夜在鼓浪屿巡逻，同时在几个山头上架设大炮以控制地方，整座厦门城都在他们管制之下”。[3]

鼓浪屿公共租界的始作俑者美国领事巴詹声

日本的这一强盗行径，立即激起中国人民的无比愤慨，厦门胡里山炮台的官兵把两尊大炮的炮口对准鼓浪屿日本领事馆，准备“以牙还牙”。英、美等国家害怕日本一家独占，也迅速派舰来厦示威。8月29日，英国的“伊西思号”巡洋舰（Cruser Isis）；美国的“卡斯蒂勒号”舰船(Castine)也于31日随后赶到厦门，派兵登陆。双方剑拔弩张，气氛十分紧张。日本人发现形势不利，只好怏怏撤走。

这个时候，厦门胡里山炮台的官兵正为欠饷而几乎发生哗变。美国驻厦领事巴詹声闻讯，赶快募集到一万元帮助清政府解决困难,还别有用心地到炮台“说服这些兵士穿上制服继续报效朝廷”。巴领事此举得到了清政府由衷的感激。据说兴泉永道、闽浙总督与美国领事频频通信，甚至有意把鼓浪屿优先划给美国做租界，美国领事对此表示感谢，但又假惺惺地婉言谢绝。[4]

戊戌变法失败以后，帝国主义列强再一次掀起瓜分中国的狂潮，在“门户开放”的幌子下，叫嚷“利益均沾”，争先恐后在华划分势力范围。在这种形势下,鼓浪屿这块肥肉任何一个列强的势力都不可能独吞。于是，上年 3 月 10 日还向道台恽祖祁威胁过要“把鼓浪屿其余三分之二的地作为美国租界”，否则“别怪我们不客气”的美国领事巴詹声，现在却突然来个一百八十度的大转弯。他拉拢其他国家的驻厦领事共同策划一个所谓的“鼓浪屿公界”的阴谋。由他亲自带着通译许文彬，跑到福州向闽浙总督许应骙献策，说:“如果把鼓浪屿划作公共地界，既可以杜绝日本独占的野心，还可以兼护厦门，一举两得。”许应骙正在为厦门和鼓浪屿这一连串的事件大伤脑筋，听巴领事这一说，不知是计，反而觉得这个想法蛮有道理，随即委派省洋务局委员“与巴领事面商定议，交兴泉永道延年与各国领事会商办理”。[5]最初参加洽商章程条款的是兴泉永道延年、厦防同知张文治和洋务局委员杨荣忠，后来还加派漳州府知府孙传兖和厦门税厘局提调郑煦[6]作为委员，随同前派的 3 名委员，继续和各国领事酌议。鼓浪屿公共地界章程草案的讨论还没有结果，巴詹声就因任满回美国去了，英国、日本等国驻厦领事接着讨论。事后，许应骙向朝廷诉苦说，为达成协议，他们“往返辩论，再三磋磨，时阅数月，始克就范”。1901 年 10 月 14 日，在英国领事馆进行一次讨论具体细节的会议中，发生了争执，“租界”和“公共地界”这两个不同含义的名称，一时成为争执的焦点。英国领事满思礼（Robert William Mansfield）一口咬定是“租界”，他强调鼓浪屿既然要作为外国的租界，中国政府就无权干涉岛上的事务。而许应骙的原意是：“公共地界”应包括中国人和外国人在内，中国且是东道主，更不应该被排斥在外而不过问岛上的事务。为这个问题争论了整整一个上午还不能解决，最后由延年专电请示，不料许应骙和省洋务局居然复电说：“鼓浪屿或做公地，或作租界，均无不可。唯必须加入第15条款‘兼护厦门’。以鼓浪屿做公地，各国官商均在界内居住。厦门为华洋行栈所在，商务尤重，应由中外各国一体保护，以杜东邻觊觎。如无此节，即作罢论。”[7] 所以，接下来讨论的重点便集中在“土地章程”的条款上。各国领事断然宣称：“兼护厦门”一节，须请示各国驻京公使而后才能定案，其他各款均无异议。

于是，1902年1月10日，在日本领事馆举行“鼓浪屿土地章程草案”的签字仪式。

在这个签字仪式上提出的“草案”文本共17条，有中、英文两种，标题各异。中文本题为“厦门鼓浪屿公共地界章程”，而英文本则为Land Regulationns for The Settlement of Kulangsu, Amoy。Settlement英文的原意为居留地，早期的殖民地也作Settlement，是一个定义比较模糊的词汇，但英国人通常把“租界”称作Settlement，法国人则称之为Concession。这两个词汇经常出现在近代外文著作或文献里面，意思指的都是“租界”。既然闽浙总督认为“鼓浪屿或做公地，或作租界，均无不可”，延年及其他委员也就没有过多计较。但中文本的第15条明明写着：“鼓浪屿改作公地，各国官商均在界内居住，厦门为华洋行栈所在，商务尤重，应由中外各国一体互相保护”，而英文本则将它改写成“第十五款言各国会同保护，此款暂留空白，俟到京后再行照誊”。[8] 这个明显的差异和闽浙总督的指示相去甚远，延年不敢做主也不敢“作罢”，后经与洋务委员杨荣忠斟酌，杨荣忠把两种文本核对后，竟认为中、英文本无讹。于是双方代表就此签字。

清政府参加签字的是：兴泉永道道台延年、厦防分府张文治、厦门厘金委员郑煦、洋务委员杨荣忠。

列强驻厦领事参加签字的是：日本领事兼领袖领事上野专一（S.Uyeno）、英国领事满思礼（R.W.Mansfield）、美国领事费思洛（John H.Fesler）、德国代理领事古阿明（B.Krause）、法国代理领事杜理芳（A.Bernard）、西班牙和丹麦的代理领事郁礼（M.Woodley）、荷兰领事兼瑞典和挪威副领事高士威（August Piehl）。

参加"章程草案"签字的双方官员同时也在各国驻厦领事共同炮制的《厦门鼓浪屿公共地界律例》上签字。

闽督许应骙接到兴泉永道延年禀告这份中、英文名称和内容不一致的"厦门鼓浪屿土地章程草案"签押后，遂于 1902 年 3 月 3 日给光绪皇帝上奏，[9] 为自己开脱责任，

1902年5月10日，鼓浪屿公共地界章程草案在日本领事馆签字

说原来是按国内“按照自开各口成案妥议章程，与巴领事面商定议”，谈判中途因为巴领事任满回国，“各领事辄行自拟条款，竟将鼓浪屿全岛认作各国公共租界，遇事悉归领事专管，并不兼护厦门，实与自开商埠章程权利迥异”，后来是他向全权大臣通电，要求按照“公地办法”进行商量，还加派孙传兖、郑煦两名委员，“与各国领事往返辩论，再三磋磨，时阅数月，始克就范”。现在好了，“现议各款虽领事办事之权不无偏重，惟局董既可酌派华人，定章仍须彼此批准，揆以公地之义，大致尚属相符。且厦门均归一体保护，实于地方有裨，亦不至失自主之权”。[10]

许应骙同时把“章程草案”的中文本呈送到外务部审核，日本领事兼领袖领事上野专一也把“草案”的英文本送交驻北京公使团转咨外务部核批。清政府外务部接到公使团的咨文，马上调阅闽浙总督交来的文本，发现其中有关“一体保护”的第 15 条，中、英文本出入很大，“不特汉、洋文原约不符，且究竟各国领事于此条曾否议定？”当即电嘱查复。许应骙接电后，立即命令延年向各国驻厦领事讨个明白。谁曾想事隔不久，当事诸国的领事只有上野专一还在任上。但上野翻脸不认账，对“草案”的第 15 条坚持依照英文本，不同意中文本的表述。延年不敢擅自主张，就电请许应骙咨请外务部与各国驻京公使协商。交涉之后，驻京公使团领衔公使美国使臣康格致外务部照会说：“鼓浪屿公界章程各国兼护厦门一事，各使臣以为仅于鼓浪屿立租界，合同不能言及兼护中国土地，各国领事实无此权。即各使臣非奉本国之嘱，亦复无此权力。合同内立此条款，系属无用。请按前定章程办理”]。[12]

外务部接到康格的照会，再一次电令许应骙奏明办理。许应骙不敢怠慢，赶快叫延年和各国驻厦领事再商量商量。美国驻厦领事兼领袖领事费思洛照复兴泉永道：“第 15 条条款贵道并无撤销之说，谓日本领事意见不同，亦不尽然。实因此款事关重大，故须候驻京公使核定。现已据实具详，并力请将此款填入，以昭划一，各领事亦已具详”。[13] 许应骙根据延年的禀告，又于1902年10月18日在给皇上的奏章写道：“鼓浪屿草约合同第十五条兼护厦门一节，各领事以此条洋文须候驻京各国公使核填。现在各使既称领事无权，则外间无从商办。惟华洋合同未便两歧，请饬外务部与各国公使仍照华文填写，或即以华文为凭。此项草约本已声明必须候朝廷批准，方能遵行。倘各使不允，偎可将前约作废”。[14] 外务部看过这份奏折以后，把整个交涉过程往上奏明，庆亲王奕劻等在奏章后面加上：“厦门地当冲要，实为闽省屏藩。该抚议定鼓浪屿租界章程，拟令各国一体兼护，意在预防他国专行窥伺，不为无见。惟厦门系中国地方，本非外人所能干预。若明定约章，强令各国互相保护，转失自主之权，于义无取。若因各国不允保护，遽议将前约作废，无论各使未必允从，即令就我范围，窃恐名既不正言又不顺，亦将重贻列邦讪笑。现

外务部关于鼓浪屿公共地界章程的奏章

在领衔使臣康格既称非奉本国之嘱，无此权力；又谓合同内立此条款，系属无用。原订洋文章程又未载明。臣等公同商酌：'不如将原订汉文章程第十五款保护厦门一节迳行删除，较为简净。查该督咨送鼓浪屿汉文地界章程共十七款，除删去第十五款外，其余十六款于公地之义尚属相符，自应请旨准行，以符原约而敦辑睦。"[15] 庆王爷认为美国公使康格既然说条款一经签订就不能改，何况外国使领们"非奉本国之嘱，无此权力"，又说"合同内立此条款，系属无用"，竟建议把这一节"迳行删除，较为简净"。

1902 年 11 月 21 日（光绪二十八年十月二十二日）皇帝硃批："依议"。《厦门鼓浪屿公共地界章程》自光绪皇帝御批的那一天起开始生效。从此，鼓浪屿沦为帝国主义列强的"国中之国"。

[1] [3] [4] [美] 毕腓力：《厦门纵横》，何丙仲编译，厦门大学出版社，2009 年版。

[2] 所谓的"东本愿寺事件"，《近代厦门社会经济概况》第 203 ~ 204 页有如下叙述："8 月 24 日凌晨 2 点，厦门城内一间被日本佛教徒改作庙宇的出租小屋被烧毁。两个小时后，60 名身穿蓝色夹克的武装巡警从港口一艘日本军舰上赶到火灾现场，然后越过海峡到鼓浪屿，并逗留在那里。全副武装的日本士兵，在岛上巡逻了 6 天，守卫着他们的领事馆。26 日，200 多名日本士兵带着两门炮，在厦门登陆并开进城内。30 日，3 名军官，70 名武装的英国海军士兵带着一门炮，从英国皇家舰队船只'埃及女神'号被送到英国租界，并住在太古洋行的仓库。由于这些武装力量的登陆，大批居民外逃，城内显得异常荒凉。……9 月 9 日，英国和日本的登陆部队撤离。"

[5] [9] [10]《闽督许应骙奏厦门鼓浪屿议作公地一体保护摺》，载《清季外交史料》卷一五二，中华书局。

[6] 据《清季外交史料》所载，郑煦此时任"候补通判"。

[7]《清季外交史料》（光绪朝），转引自厦门市政协文史委编：《厦门

的租界》，鹭江出版社，1990 年版。

[8] 据中国第一历史档案馆藏外务部档案，综合类，第 4462 号卷。厦门市政协文史委编《厦门的租界》这句话为："候驻京公使核定"。

[11] [12]《外部奏闽省鼓浪屿议作公共租界未便兼护厦门摺》，载《清季外交史料》卷一五二，中华书局。

[13]《清季外交史料》（光绪朝），转引自厦门市政协文史委编《厦门文史资料》第 2 辑，余丰、张镇世、曾世钦撰《鼓浪屿沦为"公共租界"的经过》第 92 页。

[14] [15]《外部奏闽省鼓浪屿议作公共租界未便兼护厦门摺》，载《清季外交史料》卷一五二，中华书局。

第七章

套在鼓浪屿人脖子上的枷锁

《厦门鼓浪屿公共地界章程》，除了原草案的第十五条“兼护厦门”这一节清政府自动放弃以外，其余总共十六条，其标题分别是：(1) 公地界限、(2) 常年公会、(3) 特会、(4) 界内工部总局、(5) 局员权分所能为之事、(6) 局中员役、(7) 追欠、(8) 控告公局、(9) 租地、(10) 公业归由公局掌管、(11) 地租、(12) 会审公堂、(13) 无票拘人、(14) 引渡罪犯、(15) 违章罚款、(16) 修正《章程》之手续。

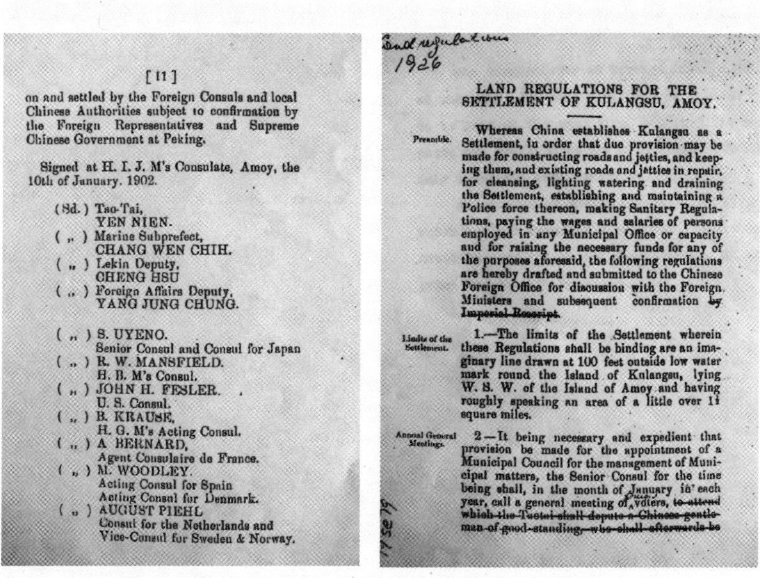

[11]

on and settled by the Foreign Consuls and local Chinese Authorities subject to confirmation by the Foreign Representatives and Supreme Chinese Government at Peking.

Signed at H. I. J. M's Consulate, Amoy, the 10th of January. 1902.

(Sd.) Tao-Tai,
YEN NIEN.
(„) Marine Subprefect,
CHANG WEN CHIH.
(„) Lekin Deputy,
CHENG HSU
(„) Foreign Affairs Deputy,
YANG JUNG CHUNG.

(„) S. UYENO.
Senior Consul and Consul for Japan
(„) R. W. MANSFIELD.
H. B. M's Consul.
(„) JOHN H. FESLER.
U. S. Consul.
(„) B. KRAUSE,
H. G. M's Acting Consul.
(„) A BERNARD,
Agent Consulaire de France.
(„) M. WOODLEY.
Acting Consul for Spain
Acting Consul for Denmark.
(„) AUGUST PIEHL
Consul for the Netherlands and
Vice-Consul for Sweden & Norway.

Land regulations
1926

LAND REGULATIONS FOR THE SETTLEMENT OF KULANGSU, AMOY.

Preamble. Whereas China establishes Kulangsu as a Settlement, in order that due provision may be made for constructing roads and jetties, and keeping them, and existing roads and jetties in repair, for cleansing, lighting watering and draining the Settlement, establishing and maintaining a Police force thereon, making Sanitary Regulations, paying the wages and salaries of persons employed in any Municipal Office or capacity and for raising the necessary funds for any of the purposes aforesaid, the following regulations are hereby drafted and submitted to the Chinese Foreign Office for discussion with the Foreign Ministers and subsequent confirmation ~~by Imperial Rescript.~~

Limits of the Settlement. 1.—The limits of the Settlement wherein these Regulations shall be binding are an imaginary line drawn at 100 feet outside low water mark round the Island of Kulangsu, lying W. S. W. of the Island of Amoy and having roughly speaking an area of a little over 1½ square miles.

Annual General Meetings. 2—It being necessary and expedient that provision be made for the appointment of a Municipal Council for the management of Municipal matters, the Senior Consul for the time being shall, in the month of January in each year, call a general meeting of voters, ~~to attend which the Taotai shall depute a Chinese gentleman of good standing, who shall afterwards be~~

收藏于美国国会图书馆的“鼓浪屿公共租界章程草案”的第一页和最后一页

这部《章程》虽标以“土地章程”(Land Regulationns),但实际上是一部对鼓浪屿进行殖民统治的施政大纲。帝国主义列强此后就根据这部《章程》侵夺当地的行政管理权及其他一些国家主权,并由外国领事把持的市政机构——工部局来行使这些权力,使鼓浪屿成为不受本国政府行政管理的国中之国,也使岛上的中国人从此被套上了沉重的枷锁。

一、鼓浪屿公共租界划定之后,清政府对这方土地的所有权已经名存实亡

《厦门鼓浪屿公共地界章程》的条文声称“鼓浪屿虽作公地,仍系中国皇帝土地”。鼓浪屿的土地历来有“私地”和“公地”两种。除了山岩和海滩,岛上能够耕作或居住的地方,基本上都属于“黄山洪海”的“私地”范围。鸦片战争之后,侵华的外国人就非常关心中国的土地制度。早期来厦门的英国人翟理思就注意到中国的土地所有权属于皇帝所有,但老百姓可以凭“红契”和“白契”私下进行土地转让。1847 年,当时清政府还不允许外国人在通商口岸购地租地,美国传教士只好利用中国信徒购到私人地块,然后献给教会建盖新街礼拜堂。[1]

针对中国的土地制度,近代列强在开辟租界往往通过“民租”和“国租”这两种形式获得土地使用权。譬如,对岸厦门的英租界是英人以永租也即“国租”的形式得到的,清政府当时每亩地每年只是收取 60 两银子的地租,1885 年调整地租后,整个厦门英租界每年的地税共为 176 元 7 角 1 分,约为 5 两银子。[2] 而鼓浪屿的土地则是列强势力在公共租界划定之前已先用“民租”的手段(包括购地、租地、永租地等等)占有了。

无论是“民租”还是“国租”,其共同之处在于两者都承认土地为中国政府所有,都必须向中国政府缴纳地租或租金。《章程》有三个条款涉及土地问题。其中第十一条“地租”明确声称“鼓浪屿虽作公地,仍系中国皇帝土地”,第九条“租地”也规定“凡洋人租转地基，应赴中国衙门及各该领事署报知注册之处，悉听历办旧章办理”。《章程》表面看起来似乎很“公正”,很冠冕堂皇，但实际上，却充满着欺诈性。其条款的第十一条规定，鼓浪屿划为公共租界以后，“所有地丁钱粮及海滩地租，照旧由地方官征收交公局（按：即公共租界工部局），贴充经费”，唯有“嗣后如有新填海滩应完地租，仍归中国地方官收纳，不充公局，以定限制”。这岂非咄咄怪事？ 1899 年，日本企图在鼓浪屿划定专管租界，经过丈量，兴泉永道恽祖祁还提出要日本人“查照向章，每方丈每年应缴租税一两”。这样一来根据这个《章程》，鼓浪屿全岛不但拱手让外国人为所欲为，中国政府不但没有收取一分钱的“租金”，而且每年还得把从这里征收到地租交给工部局“贴充经费”。其后工部局任意定税、增加地租以盘剥鼓浪屿人民，其所根据的也是这部《章程》。

二、《章程》实施以后，帝国主义列强剥夺了清政府对鼓浪屿的行政管理权

清代，厦门的民政归属泉州府厦门海防分府（又称海防分府或海防厅）管辖。《章程》签署生效之前，鼓浪屿系同安县嘉禾里下面的一个保，最高管理人员即“地保”，下面还有一名“马快”和 10 名“乡耆”（甲长），后来还增派一名通商局的官员。鼓浪屿保的直接上司分别是泉州府厦门海防分府和兴泉永兵备道，再上去才是闽浙总督。总督、巡抚和八旗将军才有资格向朝廷奏事。这个规矩延续至少两百多年。

《章程》实施以后，取消原有的保甲制度，帝国主义列强的“领事团”成为鼓浪屿公共租界的最高权力机构，它的顶头上级就是各国驻北京的公使团。驻京公使团动不动就通过清政府的外务部向朝廷施加压力。同样上达北京的途径，鼓浪屿公共租界的“领事团”要比厦门海防分府或兴泉永道简捷得多，而且产生的效果也要大得多。

鼓浪屿公共租界的“领事团”由各国领事共同组织，系工部局董事会的上级机关。列强势力在“公共租界”所推行的所有殖民统治政策，都由“领事团”制定。从后来它监督《律例》的执行等等情况来看，领事团的权力是很大的。[3] 在《章程》里面，除第十六条“嗣后如发现章程内有必须更正或增订之处，或文字有疑义，或权限须磋商，须由领事团及中国地方官订议妥协，呈由北京外交团及中国最高政府批准”之外，领事团的特权散见于许多条文之中。归纳起来为：

(1) 无论洋人纳税者常年会或特别会议所通过的任何决议案，都须送请领事团核批，非得领事团的多数通过，不得执行；

(2) 工部局制定或修改《律例》，须送请领事团核批；

(3) 领事团每年须成立领事法庭，作为受理工部局或该局秘书被人控告的机关。

“领事团”设主席一人，即《章程》里面所谓的“领袖领事官”。通常值年领袖领事应由来厦任职较早的领事担任。《章程》第二条的“常年公会”规定：工部局每年西历1月份召开的年会，和类似临时会议的“特会”，都“由是年领袖领事官主会”。他的具体职权还有：召集并主持洋人纳税者常年会和特别会议；中国政府（厦门海防厅）引渡逃到鼓浪屿岛内的刑事“犯事人”，须经领袖领事官签字，方可执行。这表明领袖领事虽然不直接干预公共租界的日常行政事务，但却是整个鼓浪屿公共租界职权最大的人，历来工部局一直未能绕过领袖领事直接与厦门地方官府打交道。

领袖领事一向是各国势力争相角逐的对象。起初这个席位基本上由日本和德国的驻厦领事包揽。后来法国领事也跟着瞎起哄。梅泽（Coustntin Merz）1897—1904年、1905—1911年两任德国驻厦门领事；花芬嫩（Fernand Roy）1927—1935年、1938—1939年也两任法国驻厦门领事（1934年9月1日撤销领事馆，1935年

11 月 11 日复设，花芬嫩继续任职）。[4] 这两人因长期驻鼓浪屿，资格最老，因此领袖领事一席曾先后被他们长期占据，梅泽执掌领袖领事长达 8 年，花芬嫩好歹也当了 6 年，而英国在厦门鼓浪屿拥有企业最多，势力也最大，其领事反而不能当上领袖领事。因为按照惯例总领事的规格比领事高，于是，1936 年英国人将马尔定（Arthur John Martin，1933—1937 年英国驻厦门领事），由领事提升为代理总领事，自然而然就成为当然的领袖领事。20 世纪 30 年代，英国和日本的竞争最为激烈。日本随着侵华野心的膨胀，也于 1936 年 11 月 10 日由外务省宣布：把 1935 年 8 月 6 日已到任的领事山田芳太郎（Yamada Yoshitaro）升格为总领事代理；1937 年 7 月 2 日又派高桥茂（Takahahi Shigeru）为正式总领事，公开与英国角逐“领袖领事”这把交椅。但高桥到任才 5 天，“七七”卢沟桥事变就发生了，8 月底即奉命撤出。厦门沦陷后再派来的内田五郎（Uchida Goro）等领事，都是以总领事的头衔出场，加上厦门已被日本武装占据，领袖领事自然为日本所独占。[5]

时任领袖领事的法国领事花芬嫩在鼓浪屿接受勋章的仪式

历届领袖领事名录

年 历	外文名字	中文译音名字	国 籍	备注（领事任期）
1902	John H. Fesler	费思洛	美 国	1901—1905
1902—1906	Uyeno Senichi	上野专一	日 本	1896.3—1900.8 1900.9—1901.10 1901.11—1903.11 1904.1—1906.8
1907—1914	Coustntin Merz	梅 泽	德 国	1897—1904 1905—1911
1915—1916	Kikuchi Giro	菊池义郎	日 本	1910.3—1911.4
1917	H.A.Little	李达礼	英 国	任职时间未详
1918—1920	C.E.Causs	高 思	美 国	1916—1920年，抗战期间任美华大使。
1921—	B.G.Tours	窦尔慈	英 国	1909—1910
1922—1924	A.E.Carleton	凯尔腾（凯尔胜）	美 国	1920—1924
1925—1926	W.M.Hewlett	许立德	英 国	1923—1932
1927—1928				
1929—1934	Fernand Roy	花芬嫩	法 国	1927—1935 1937—1938
1935	T.Tsukamoto	冢本毅	日 本	1934.6—1935.8
1936	A.J.Martin	马尔定	英 国	1933—1937，代理总领事。
1937	Yamada Yoshitaro	山田芳太郎	日 本	1935.8—1937.5，总领事代理。
1938	F.A.Wallis	万乐思	英 国	1937—1938
1939—1940	Uchida Goro	内田五男	日 本	1938.5—1941.1，总领事。

说明：本表资料来源于《厦门文史资料》第16辑（鹭江出版社1990年版），同时根据《清季中外使领年表》（中国第一历史档案馆、福建师范大学历史系合编，中华书局1985年版）作了若干

补充。参加《厦门鼓浪屿公共地界章程》签名的美国驻厦领事费思洛（John H.Fesler），《清季外交史料》载其当时为领袖领事。

三、列强势力在鼓浪屿公共租界利用所谓“洋人纳税者会”骑在华人头上

早在鼓浪屿成为外国人居留地的时候，英国人就曾成立过“鼓浪屿道路墓地基金委员会”，对该岛擅自实施管理，同时还规定凡居住在岛上的洋人每人每年缴纳人头税5元者，就具有纳税者的资格而享有选举权和被选举权。鼓浪屿被划为公共租界之后，虽然“鼓浪屿道路墓地基金委员会”已经撤销了，但西方社会的这一套纳税形式，却经过改头换面保留下来，并通过《章程》使其不但具有合法性，而且还在界内成立一个用以选举行政机构负责人、进行行政监督并对各种行政事务做出决定的机构。这个新的机构称作“洋人纳税者会”，它同时又是一个兼有立法权的机构。

《章程》第四条规定：“局中办事之员，洋人五六位，华人一二位，共以□位为限度。此五位洋人，系公会时经有阄之人推举。”《章程》中文本的“有阄之人”，英文为 Qualified voter，意即有选举权的人。根据这条规定，外国人具备以下三种条件，即（1）“凡洋人在鼓浪屿管地，在领事存案，估值不在1000元之下者”；（2）“执有特字代前项管业人之不在此口者”[6]；（3）“洋人除照费外，每年完捐在五元以上者”，都“可以公举”，也即才有选举工部局董事的权力。而工部局董事会的董事还必须符合以下这些条件，即：（1）“洋人有应管产业在鼓浪屿，估值五千元之上者”；（2）“寓居鼓浪屿洋人，租捐每年纳在四百元者，无论该租系伊行、伊会或公司代偿，均可举充。惟同行、同会、同公司之内，许一人举充；同居之屋者，亦只许一人举充。”第四条规定还补充说明：“洋人董事系公举，故必如此。华人董事由厦门道派定，毋须公举，不在此例。”

从以上的条件可以看出，充当洋人纳税者或者工部局董事会的董事，就必须有一定或相当的财产资格。《章程》明显有意把大部分中国人排除在外。洋人纳税者会操纵下的“公举”，以及他们所制定的法律法规，都是为维护帝国主义列强的利益服务的，所以 1903 年第一次召开年会，就演出了一场闹剧。当年的领袖领事是日本领事上野专一，他决定 2 月 15 日召开洋人纳税者会准备选举首届工部局董事，不料通知刚发出去，第二天早上便有数十名日本人争先恐后赶来交纳 5 元的税款，目的很明显，就是冲着选举权或被选举权而来，后来连居住多年从未纳过税款的英、美等国的洋人也闻讯赶来，争着要交税，结果众洋人在工部局门口闹将起来。欧美洋人害怕日后鼓浪屿的行政权势被日本人独占，坚决抵制，双方相持不下。最后经过数十天的协商，第一届的工部局董事只好由各国领事选派。《章程》第一次出台，就因为各国利益的冲突而“坏了纲常”。

洋人纳税者会分为常年会和特别会议两种，即《章程》的第二条的“常年公会”和第三条的“特会”。“常年公会”于每年 1 月份召开，由当年的领袖领事负责召集并主持会议，会上讨论并通过以下事项：审核工部局前一年度的收支账目和本年度的收支预算，推选该年度工部局董事，讨论有关工部局的各项事务。在公共租界内如遇有重大或急要事件，经领袖领事或其他一名领事，或 10 名有选举权者联名提出书面要求，可召开“特会”，会议议案必须经过出席人数的三分之二赞成，才可以通过。在选举工部局董事人选时，出席人数“不得少过三分之一”。

《章程》第二条款说，每年 1 月份的“常年公会”都要“知会道台派委住在鼓浪屿殷实妥当绅董之一二人，此人嗣后可为工部局之董事”。这就是说，中国人要进入董事会只能由地方当局派委，所以所谓的华董往往只是摆设而已。林尔嘉自 1909 年到 1922 年连任鼓浪屿工部局华董，但在腐败无能的清政府、北京的军阀政府和南京国民政府统治期间，只在 1913 年 1 月 28 日出席过一次常年公会，以后再没有参加过这种完全由外国人掌控的会议。

四、鼓浪屿公共租界设立“领事法庭”，严重侵犯了我国的治外法权

《章程》第八条为“控告公局”，内容是：“公局可以告人，亦可被人控告，均由其总经理人出名，或径用鼓浪屿工程公局字样亦可。凡控告公局及其经理人等者，应在领事公堂。此堂系每年由各国领事派定。惟局中派雇人员及总经理事人，遇因在局奉公被控者，所应得责任，只归公局之产业，不自任其咎。”行政机构及其办事人员可以被居民控告，表面上这在中国是前所未有的“民主”，其实这个“洋把戏”还是掌握在所谓的“领事公堂”手里。《章程》规定，领事公堂由各国驻厦领事指派一人组成，人选每年更换一次，其法官既可由选举产生，也可由“领事团”指定。凡控告“公局”——即工部局的董事长及秘书等，都归这个“公堂”——法庭处理，外国侨民发生纠纷或互讼的案件，也由它审理，中国政府根本无权过问。所以，领事公堂是帝国主义在鼓浪屿设立的实施“领事裁判权”的具体执行机构，它严重地侵犯了我国国家的主权。

关于鼓浪屿领事公堂的运作情况，厦门市图书馆所藏的英文本《1915 年日本领事馆存档引得》[7] 就有记载。据载，鼓浪屿的领事公堂在 1915 年这一年至少审理了三个案件。其中一案系安理纯牧师（Ben J. Anderson）因其教会的传教活动和教产经营受到工部局的妨碍，因此于 1914 年 9 月 1 日，一纸公文将工部局告到领事公堂。安理纯是基督复临安息日会传教士，美籍丹麦人，1906 年 3 月抵达厦门鼓浪屿传道。根据《章程》，控告工部局要由领事公堂裁决，可是到了 12 月，安理纯却撤诉了。按照规定，提出撤诉的一方必须付给对方所花费的诉讼费用及法庭费。从账单上看，作为被告一方的工部局仅从上海聘请两名律师就用了 179.57

墨西哥银元，法庭费用 207 墨西哥银元。但安理纯牧师拒绝答复。于是法庭将交费命令送交安牧师的原诉讼代理人、美国领事梅纳[8]，梅纳竟以书面形式回绝法庭的要求。法庭只好于 1915 年 5 月 5 日以挂号信将交费命令送达安牧师，可是安牧师在签收信件时却拒绝像通常那样写上“Avis de reception”（按：法文“信收到”之意），因此法庭没有安理纯接受服务的凭据，对其百般抵赖而束手无策。一个外国人，在中国的领土上居然可以视法律为儿戏。

[1] Gerald F.De Jong, *The Reformed Church in China* 1842—1952，Michigan ,U.S.A.1992.

[2] 厦门市档案馆藏厦门市财政局档案，第 1 时期，第 319 号卷。转引自费成康：《中国租界史》，第 103 页，上海社会科学院出版社，1991 年版。

[3] 余丰、张镇世、曾世钦：《帝国主义对鼓浪屿的殖民统治》，载厦门市政协文史委编：《厦门的租界》，鹭江出版社 1990 年版。

[4] 中国第一历史档案馆、福建师范大学历史系合编：《清季中外使领年表》，中华书局，1985 年。法国领事花芬嫩（Fernand Roy），一向被写成花嫩芬。今据《近代厦门涉外档案史料》及参阅花氏在公文原件上的中文签名，予以更正。

[5] 厦门市政协文史委编：《厦门的租界》，第 19 页，鹭江出版社，1990 年版。内田五郎之前，续高桥茂任职的冈崎胜男（Okazaki Kazuo），之后的石川实（Ishikawa Minoru）、赤堀铁吉（Akabori Tetsukichi）、白井康（Shirai Yasushi）、数山英一（Kazuyama Eiichi）、永岩弥生（Nagaiwa Yayoi）皆为日本驻厦总领事或总领事代理。

[6] 此句比较费解，原文 Authorized Agents or Proxies of land oweners as above who are absent from the Port，似可译成：不在本港的有特权之代理，或上述有地产者之代理，可以公举。

[7] [9] 陈国强：《1915 年鼓浪屿租界的陪审权和领事法庭》；载政

协厦门市鼓浪屿区委员会编:《鼓浪屿文史资料》第9辑，2002年10月。

[8] 查《清季中外使领年表》，1911—1916年任美国驻厦门的领事为巴字乐（C.F.Brissel），并非梅纳。梅纳在此期间可能是副领事，或代理过领事事务。

第八章

Municipal Council
——工部局

工部局是公共租界具体执行权力的行政机构。它成立于1903年1月，从它的命名到组织机构的设立，基本上都以1854年成立的“上海工部局”为蓝本。工部局的英文为Municipal Council，原意是“市政会”的意思。这个名称始于上海，据说太平军进攻上海时，洋人圈地为保护区，且砌筑了围墙。事后这些洋人还向清政府索讨砌墙的费用，清廷遂派员以工部的名义处理此事。以后在这基础上划出租界，就把双方共管的机构称作“工部局”。另

工部局(早期)

外还有一种说法，是上海公共租界划定之初，Municipal Council所做的事多以建房修路、疏浚水沟、改善环境为主，而在清代，此类事情乃属于朝廷六部之一的“工部”的职责，于是Municipal Council就被上海人称为工部局。鼓浪屿沿用上海公共租界那一套，连工部局这个名称也照搬过来。

《厦门鼓浪屿公共地界章程》的第二条即为“界内工部总局”。但在《章程》一开头的Preamble（即前言）就说：“鼓浪屿作为公共地界，内有应添筑修理新旧码头、道路、设立路灯、须水通沟；设立巡捕；创立卫生章程”。这也就是说，今后鼓浪屿公共租界的要务有三：城市建设、治安和环境卫生。而这些事务都必须由其行政机关——工部局来管理和执行。此外，工部局还要监督《律例》的执行情况。如果细化起来，还有以下几个方面：

1. 管理卫生，保养道路，清理沟渠，保管码头、墓亭和该局所有的建筑物及地皮；

2. 禁止在私人房屋、店铺和非工部局指定的处所或栈房贮藏爆炸物品；

3. 为了支付行政费用和巡捕、员丁的薪津工资，工部局有权征收产业税；

4. 向有关衙门控告或追讨被拖欠的产业税、牌照费或罚金；

5. 拘送“扰乱地方”的人，如系中国人则交会审公堂，外国人则交有关国的领事馆，予以“按律惩治”。[1]

强化巡捕的治安职能，一向是工部局的头等要务。在老鼓浪屿人心目中，“马达仔”（印度巡捕）、“暗查”（华人侦探）几乎和工部局是同一回事。清代各省督、抚衙门就设有巡捕一职，但因为租界内的巡捕与清政府在北京设置专门“诘禁奸宄，平易道路，肃清辇毂”的“巡捕营”职责更为相近，所以近代的租界遂将警察也称作巡捕。

1903年5月1日，鼓浪屿工部局开始执行权力。局址初时租用

鼓浪屿工部局大楼

和记崎上面原“泰记”船头行的那幢英式楼房（鼓新路40号，现已废圮），后来在安海路通向内厝澳的地名为“工部局岭”那里建筑了办公楼、宿舍和监狱等三幢楼房，统称工部局（1958年拆建后，现为思明区鼓浪屿街道办事处办公楼）。

工部局的领导部门是董事会。按《章程》规定，董事名额7人，其中1名由兴泉永道台指派的租界内所谓殷实妥当的绅士担任，其余6人均系外国人，由洋人纳税者会于每年年初召开的“常年公会”选举担任。外国人推举工部局董事时，选举或被选举的资格都由洋人纳税会来权衡。1926年以后，洋董事由6名减少为4名，华董由1名增加到3名。董事任期一年，任内如有出缺，由董事会三分之二的董事推选补充。董事系没有薪金的荣誉职务，他们在每年年初召集的第一次董事会上，通过互选，产生正、副董事长各一名。董事会议由董事长召集、主持。董事长具有左右工部局局务的权力，当议案碰到赞成或反对的人数相等而无法决议时，他可以行使第二次表决权。[2]

鼓浪屿工部局正副董事长、董事名录（部分年份）

年份	董事长	副董事长	董　事	备　注
1903	[英]金禧甫		[英]奥尔、海斯、马歇尔、兜满，[日]赤杨，[德]韩巴乐，[中]黄赞周	首任秘书：[英]麦坚志；续任[英]密芝诺。
1912			[英]巴特胡尔斯特、冯维克、巴尔、金禧甫，[日]小泉土之丞，[美]华列士（12月，冯维克、华列士辞任，[荷]雷特、[日]小林续任），[中]林尔嘉	
1913	[英]金禧甫			名誉秘书：[美]苑礼文；秘书：鲁敏顺；卫生官：[英]爱恩斯利埃
1914	[英]金禧甫		[英]金禧甫、安德森、布朗[万多马]，[荷]雷特，[英]巴特胡尔斯特，[日]小林	秘书：鲁敏顺；卫生官：[英]夏礼
1915	[英]佛勒尔		[英]佛勒尔，[日]小林，[英]巴特胡尔斯特、尼考尔斯，[丹麦]克林（木通递补）	秘书：鲁敏顺；卫生官：[英]夏礼
1916	[英]巴特胡尔斯特	[丹麦]克林	[英]巴特胡尔斯特；[丹麦]克林；[英]培里；[日]内田新吉；[英]尼考尔斯；[中]林尔嘉	秘书：鲁敏顺；卫生官：[英]夏礼
1917	[英]巴拉克	[美]斯诺克	[英]巴拉克；[美]斯诺克；[英]斯布雷；[美]伊理雅；[日]矢本；[中]林尔嘉	秘书：鲁敏顺；卫生官：[英]夏礼

续表

年份	董事长	副董事长	董 事	备 注
1918	[英]劳达尔	[英]佛勒尔	[英]劳达尔;[英]佛勒尔;[美]伊理雅;[英]斯布雷;[日]矢本;[美]斯诺克;[中]林尔嘉	秘书:[英]洪显理;卫生官:[英]夏礼
1919	[英]劳达尔	[美]莫尔斯	[英]劳达尔;[美]莫尔斯;[美]伊理雅;[英]斯布雷;[日]矢岛;[英]佛勒尔;[中]林尔嘉	秘书:[英]雷明顿(贺兼勿赖);卫生官:[英]夏礼;职员领班:黄省堂(守曾)
1920	[美]莫尔斯		[美]莫尔斯;[美]伊理雅(巴尔纳尔德续任);[英]佛勒尔;[英]奥尔(史密斯续任);[英]色必立;[日]矢岛(竹本节藏续任);[中]林尔嘉	秘书:[英]洪显理(代),黎德;卫生官:[英]林务赐;职员领班:黄省堂
1923	[美]伊理雅	[英]佛德	[美]伊理雅;[英]佛德;[美]李度;[美]韩金斯;[日]平野郡司	秘书:[英]黎德;助理秘书:[英]巴世凯;卫生官:[英]林务赐;职员领班:黄省堂
1924	[英]安德森	[美]锡鸿恩	[英]安德森;[美]锡鸿恩;[美]李度;[美]特纳;[日]泽浦光治;[英]戴维斯	秘书:[英]黎德;助理秘书:[英]巴世凯;卫生官:[英]林务赐;道路监督:[德]莫森;职员领班:黄省堂

续表

年份	董事长	副董事长	董事	备注
1925	[美]锡鸿恩		[葡]罗祝谢([英]周骊续任、[英]克罗克尔再续任);[日]泽浦光治;[英]安德森;[英]莫郎喜(布荣菲尔德);[美]斯底乐([美]波文续任、[英]司青华续任);[美]锡鸿恩;[美]特纳	秘书:[英]黎德;助理秘书:[英]巴世凯;署健康卫生官:[英]楼森;卫生监督:[俄]伊万诺夫;道路监督:[德]莫森;职员领班:黄省堂(本年辞职)
1926	[美]锡鸿恩(新董事会临时总董)	[英]斯布雷(又作施勿理,新董事会临时副总董)	[英]莫郎喜;[英]司青华;[日]川口庄次。(9月新董事会):[美]锡鸿恩;[英]斯布雷(施勿理);[美]伊理雅;[日]川口庄次;[美]力戈登;[英]斯美士	秘书:[英]黎德;助理秘书:[英]巴世凯;健康卫生官:[英]林务赐;卫生监督:[俄]伊万诺夫;道路监督:[德]莫森
1927	[美]锡鸿恩	[中]黄奕住	[美]锡鸿恩;[英]斯布雷(施勿理);[日]川口庄次;[美]力戈登;[英]斯美士([中]黄奕住续任);[英]布朗[万多马];[中]李汉青;[中]王宗仁	秘书:[英]巴世凯;健康卫生官:[英]林务赐;道路监督:[德]莫森
1928	[英]考特内	[日]铃木谦则	[英]诺尔特;[美]詹森;[荷]郦模;[日]铃木谦则;[日]川口庄次;[英]洪显理;[日]石井信太郎	秘书:[英]巴世凯;健康卫生官:[英]林务赐;道路监督:[德]莫森
1932	[英]洪显理	[中]黄奕守	外籍董事名字未详。[中]黄奕守;[中]林刚义;[中]陈荣芳	

续表

年份	事长	副董事长	董　事	备　注
1939	[英] 希契科克（又作喜士国）		[英] 希契科克；[日] 小幡次郎；[日] 中川陆三；[美] 给益安；[荷] 毛候士	
1940	[英] 洪显理			
1941	[日] 加藤正午		[日] 加藤正午；[日] 中川陆三；[中] 林汉南；[中] 林寄凡	1941 年 12 月 8 日鼓浪屿沦陷。秘书兼警视总监：[日] 福田繁一

本表资料主要来源：房建昌：《鼓浪屿公共租界工部局的董事会》，载于政协厦门市鼓浪屿委员会编：《鼓浪屿文史资料》第九辑。但该资料的统计尚不完整。

工部局的洋巡捕（前排右三为密芝诺）

历届工部局华董名录

年　代	姓　名	备　注
1903	△黄赞周	殷实绅士
1909—1922	△林尔嘉	林尔嘉：著名台籍人士
1927	△黄奕住、王宗仁、李汉青	黄奕住：殷实侨商；王宗仁：牧师；李汉青：国民党厦门市党部委员。
1930	△李汉青、黄奕守、叶谷虚	黄奕守：富商。黄奕住之弟；叶谷虚：鼓浪屿福民小学校长。
1931	△黄奕守、林刚义、陈荣芳	林刚义：林尔嘉次子；陈荣芳：国民党厦门市党部委员。
1932	△黄奕守、林刚义、陈荣芳	10月，许春草接替黄奕守；黄金安接替林刚义。
1933—1934	△洪朝焕、黄伯权、黄奕守	洪朝焕：华侨银行行长；黄伯权：中国银行行长。
1936	△李汉青、陈荣芳、王宗仁	
1937	△李汉青、陈荣芳、叶谷虚	
1938	△李汉青、黄省堂、林汉南	黄省堂：黄聚德堂经理；林汉南：电话公司经理。

资料来源：厦门市政协文史资料委员会所编：《厦门的租界》，鹭江出版社，1990年版。（前有△号者为当年工部局副董事长）

由于工部局董事都不是专职官员，于是工部局内部又设立一些专门办事机构，由领取薪水的工部局职员来具体办理日常政务。鼓浪屿工部局这个董事会领导下的行政机构权力最大的人，即工部局董事会的秘书，中国人则呼之为“局长”，局长由董事会聘请，并向董事会负责。历届局长都兼巡捕长的职位。工部局的40多年间，先后聘用过6任局长：

第一任：麦坚志（H.S.Mackenzie），一作麦根士，英国人，

1903—?

第二任：密芝诺（C.Berkeley Mitchell），一作必之诺，英国人，?—1912年任。

第三任：鲁敏顺（S.M.Dobinson），一作多宾森，英国人，1913—1919年任。

第四任：贺坚勿赖（H.R.Remington），一作雷明顿，英国人，1919—1920年任。

第五任：黎德（H.C.Reed），英国人，一作李德，人称“大狗”，1920—1926年任。

第六任：巴士凯（G.R.Bass），英国人，军功十字勋章获得者，也被称作“大狗”，1926—1940年任。

工部局董事会聘用的这些秘书或者“局长”全都是军人出身。密芝诺生于1864年，曾从军在非洲各地服役，1912年死于鼓浪屿任内，由于维护外国人利益特别卖力而获英王的“长期效力、管理有方”奖章。鲁敏顺在军中担任过士官长，1913年2月，因鼓浪屿海岸货物清理的事处理不公而引起纠纷，鲁敏顺竟派巡捕悍然向周围无辜的中国人开枪，结果打伤多人，还逮捕一批人。黎德原系英国陆军上尉，此人专门欺负中国劳动人民，鼓浪屿人把他看成是一条凶狠的看门狗，因此鄙称之为“大狗”。20世纪二三十年代厦、鼓人民反帝斗争的怒潮风起云涌，爱国学生和民众经常举行游行示威，每次都是黎德和巴世凯这两个前后任的工部局“局长”率领巡捕在街头巷尾进行破坏，甚至鸣枪抓人。巴世凯也被鼓浪屿人称作“大狗”。某次这条“大狗”不但亲自挥舞警棍堵截游行队伍，还指挥巡捕用消防水龙冲击群众，甚至鸣枪加以威胁。

工部局统治的40年间，鼓浪屿人受尽外国武装巡捕的欺凌。

创办伊始，工部局仅设有办公处和巡捕房，全局总计38人。办公处有雇员6名，其中1名英文秘书，1名收税员，1名翻译，2名杂役和1名英籍医官。巡捕房有32人，其中3名印度巡官，

24 名印度巡捕，3 名看守和 1 名侦探。

成立初期鼓浪屿工部局组织系统

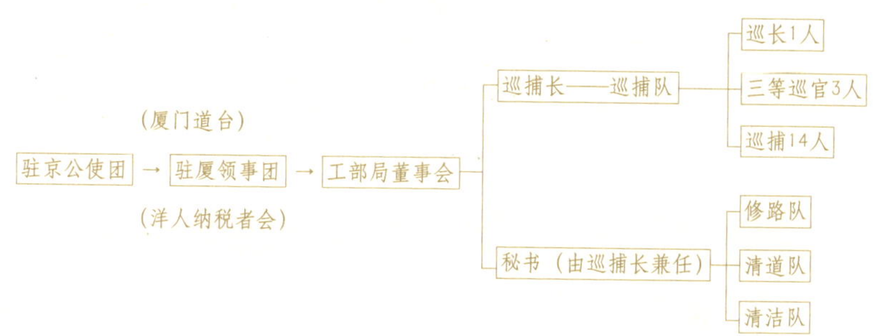

（其中巡捕长 1 名系英国人，其余 18 名均系印度塞克教徒。[3]）

1917 年以后鼓浪屿工部局组织系统

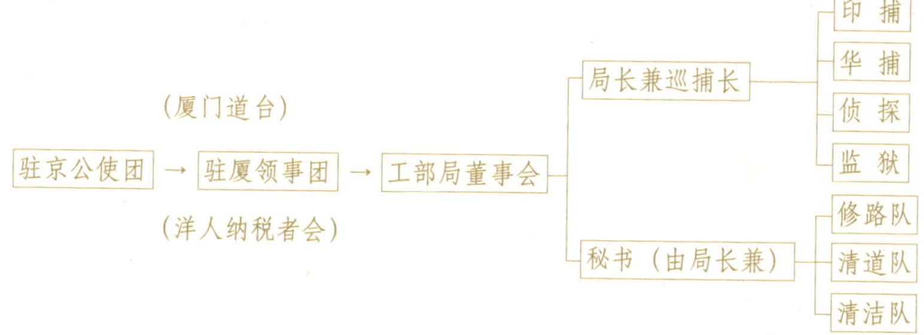

（其中巡捕队扩大，有一、二、三巡职别，印捕中又增加巴基斯坦伊斯兰教徒，另从我国山东威海卫雇来一批华捕，当时称作“北兵”。[4]）

其后，为了强化统治，工部局下属的办公处和巡捕房的人员不断增加，职能也不断细化。工部局下属的两个部门改设成警务、财政、工程三股，照旧由董事分工掌管。数年后，又增设产业估价股，1923 年将工程股和产业估价股合并，再增设公共卫生股，

1925 年又增加一个教育福利股，连同前面 4 股，共有 5 股。其组织系统示意图如下：

1928 年以后鼓浪屿工部局组织系统

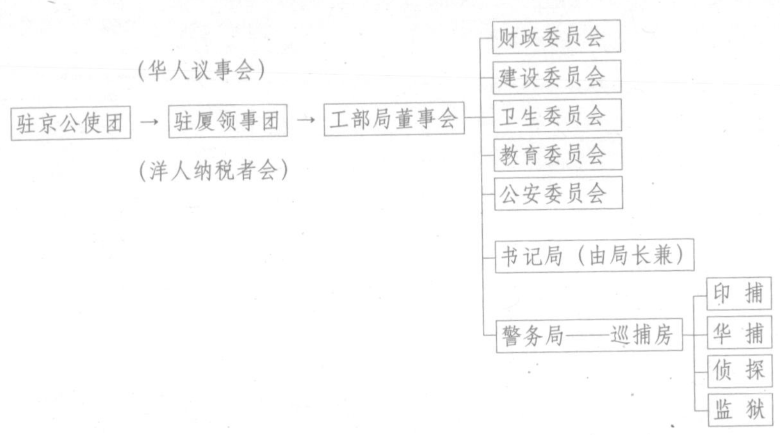

（此时董事会属下另设财政、建设、卫生、教育、公安部 5 个委员会，由华人议事会推荐 5 人分别参加这个委员会，均系义务，不支领该局俸给。[5]）

随着帝国主义列强殖民统治的逐步深化，鼓浪屿工部局的行政机构也越设越多，分工越来越细，员丁数量也越来越庞大，但其行政职能基本上还是围绕着警务（巡捕房）、财政、环境建设和维护这三个方面，其中以警务（巡捕房）为最，其次是财政，最后才是环境建设和维护。这从工部局《报告书》的历年开支比例来看，就非常清楚。据统计，每年的“巡捕薪津”都占总支出平均数的 33.83%，远远超过办公处和工程以及卫生的费用。[6] 这也就是说，每年从鼓浪屿人那里敲剥到手的钱，有三分之一强花费在巡捕身上。

1939 年以后鼓浪屿工部局组织系统 [7]

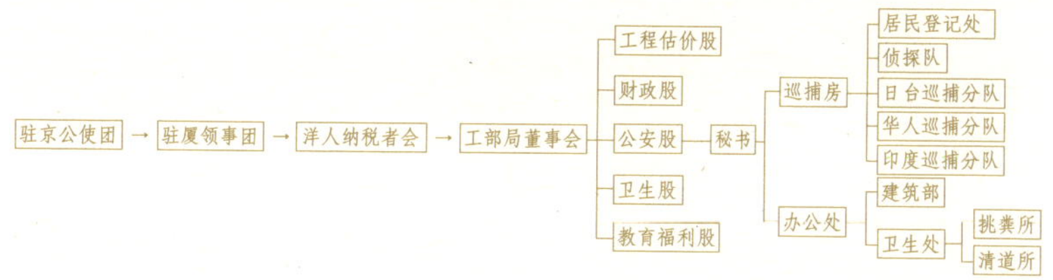

鼓浪屿工部局除了与《章程》同时出台的《鼓浪屿工部局律例》外，还先后擅自制定了 54 种“条例”，用来束缚中国人民的手脚。巡捕就是《律例》和五花八门的所谓“条例”的具体执行者。从维护殖民统治者的利益出发，工部局的警力逐年都有加强，巡捕的数量从 1903 年的 32 名（其中印度巡捕 27 名），1932 年的 150 名，增至 1940 年的 165 名。其机构也从早期的印度巡捕和华人巡捕两个分队，到 1939 年的巡捕房已辖有印度巡捕分队、华人巡捕分队、日台巡捕分队、侦探队和居民登记处等五个部门。1940 年，全局人员骤增至 349 人，其中秘书兼巡捕长 1 名，办公处 8 名，仅居民登记处就有 16 名。巡捕房刚设立的日台巡捕队，单单日籍和中国台湾籍的巡捕就有 24 名。侦探队也从 1903 年的 2 名（本地人），1903—1925 年的 2 ~ 4 名，1926 年的 8 名，增加到 1940 年的 37 名。厦鼓沦陷期间，日记“工部局”的巡捕更多，我从一份 1942 年 1 月 8 日“本局总巡捕房”的《招人投价承制皮靴通告》获悉，仅那一年该局就为巡捕定制了 250 双皮靴。

鼓浪屿工部局为了加强巡捕房的警力以便对岛上的中国人进行压迫统治，只能不断巧立名目、增收税款。鼓浪屿对此苛政深感不满，工部局狡辩说，只有这样“才可以维持本屿之治安及秩序，可以保全满意之经济状况”。工部局统治时期，所有为增加警力而雇用巡捕的经费都从鼓浪屿的税收财政里划拨，而每次都能够顺利获得领事团和洋人纳税者会的审核通过。1938 年工部局董

鼓浪嶼工部局

△招人投價承製皮靴通告▽

爲通告事本局欲以中華民國卅一年巡捕應用皮靴(全年約二百五十雙)招人投價承製其體式及製工可到本局總巡捕房索覩投標時須附繳皮辦以便留存爲標準承製靴商應擔保適用體式不差隨索隨付投標期間至本月十二日中午十二時止標單應自封密寫交工部局書記長封外須批明「巡捕皮靴標價單」等字樣此佈

中華民國三十一年一月　六　日

書記長福田繁一

1942年“日记工部局”定制皮靴招标书

事长、荷兰人毛候士在该年度的工部局报告书上说：董事会对增设巡捕队这样“最有益于公共地界的现实主义的政策”，都会“予以充分考虑”。当然，最终受到损害的是鼓浪屿的中国民众。

从最初工部局所设的财政股，到1928年扩充而成的财政委员会，都直接控制在工部局董事会手里。董事会负责制定逐年收支预算，审核决算，然后将该预算和决算提交给洋人纳税者会每年的常会审议通过。董事会一向自己雇用收税员，直接征收地租和海滩税，兼收商店、小贩、双桨（舢板船）、轿、狗等的牌照税，以及违警罚款等等。工部局的税收来源主要有产业税和牌照税两种。工部局成立后不久，董事会便将鼓浪屿的房屋和洋人租用中国人房屋的租金重新估价，提高估值，并根据提高了的估价征收产业税。其后，中国的官绅富商和归国华侨相继迁居鼓浪屿（尤其是后者），房屋和地皮的价格不断上涨，于是洋人纳税者会乘机玩花招，频频对鼓浪屿的产业重新估价，无休止地提高税率和附加捐，因此岛上中国人逐年所缴纳的产业税，也跟着水涨船高。特别是1924年以后，中国人大量在岛上建造楼屋，所付的产业税开始超过外国人（1903年，华人为4829.22元，洋人4706.14元；而1931年，华人则为63997.75元，洋人12209.94元），至1931

工部局的巡捕利用《律例》处罚鼓浪屿人

年，中国人支付的产业税竟高出洋人5.2倍。

为了对岛上的中国人敲骨吸髓，工部局除了产业税，还巧立名目横征暴敛，光是各种牌照税的项目就从1903年的11种，增加到1939的26种之多。不但建筑执照、挑贩、屠宰场、牛乳间、演出、当铺、双桨和轿行等等要纳税，连自备一辆自行车、养一只狗或一头羊也必须交税。养一只狗每年须缴2元的狗牌税，而出售洋酒每个季度就得缴纳25元的税费。工部局就依靠逐年增加税种以及提高收税标准，向鼓浪屿岛上的中国居民敲诈勒索。从工部局的年度报告书，就可发现1903年到1940

鼓浪屿人在外国巡捕监督下服役

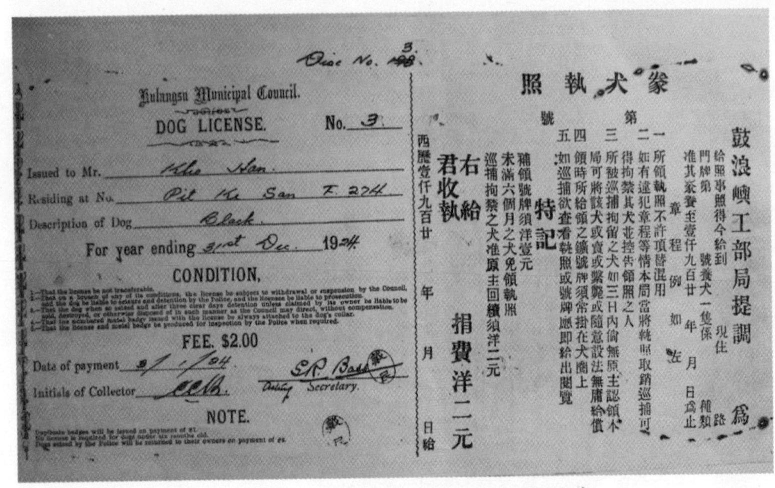
Issue No. 3.

Kulangsu Municipal Council.

DOG LICENSE. No. 3

Issued to Mr. Khe Han.

Residing at No. Pit Ke San F. 274.

Description of Dog Black.

For year ending 31st Dec. 1924.

CONDITION.

1.—That the license be not transferable.
2.—That on a breach of any of its conditions, the license be subject to withdrawal or suspension by the Council, and the dog be liable to seizure and detention by the Police, and the licensee be liable to prosecution.
3.—That the dog when so seized and after three clear days detention unless claimed by its owner be liable to be sold, destroyed, or otherwise disposed of in such manner as the Council may direct, without compensation.
4.—That the numbered metal badge issued with the license be always attached to the dog's collar.
5.—That the license and metal badge be produced for inspection by the Police when required.

FEE. $2.00

Date of payment 3/1/24.

Initials of Collector

Acting Secretary.

NOTE.

Duplicate badges will be issued on payment of $1.
No license is required for dogs under six months old.
Dogs seized by the Police will be returned to their owners on payment of $2.

豢犬執照

第　　號

鼓浪嶼工部局提調　為

給照事照得今給到　　現住　　路

門牌第　　號養犬一隻係　　種類

准其豢養至壹仟九百廿　　年　　月　　日為止

章程例如左

一　所領執照不許頂替混用

二　如有違犯章程等情本局當將執照取銷巡捕可得拘禁其犬並控告領照之人

三　所被巡捕拘留之犬如三日內倘無原主認領本局可將該犬或賣或繫斃或隨意設法無庸給償

四　領時所給領之鑛號牌須常掛在犬圈上

五　如巡捕欲查看執照或號牌應即給出閱覽

特記

補領號牌須洋壹元

未滿六個月之犬免領執照

巡捕拘禁之犬准原主回續須洋二元

右給　　君收執　　捐費洋二元

西歷壹仟九百廿　　年　　月　　日給

工部局以发行养犬执照征收税费

年，仅仅牌照一项税收的收入居然增长了将近 20 倍：

1903 年：4502.53 元；

1913 年：4736.98 元；

1923 年：13500.25 元；

1933 年：29494.73 元；

1940 年：88488.40 元。

年度报告书还可以统计出其各项收支逐年的百分比：

（1）产业税：占总收入平均数的 62.37%；

（2）牌照税：占总收入平均数的 18.87%（其中建筑执照费占 1.95%）；

（3）违警罚金：占总收入平均数的 3.65%；

（4）粪捐：占总收入平均数的 4.95%；

主要支出项目有：

日本侵占鼓浪屿期间，工部局发行的印花税票。

（1）办公处薪津：占总支出平均数的 15.05%；

（2）巡捕薪津：占总支出平均数的 33.83%；

（3）工程费用：占总支出平均数的 12.69%；

（4）卫生费用：占总支出平均数的 11.83%；

可见，鼓浪屿工部局的财政收入大约有近 2/3 来自产业税，数额每年递增的各种牌照税反而居其次。而支出部分约有近一半是支付工部局办事人员的“薪津”，真正用在工程和卫生方面的费用还不到 1/4。

长期以来，英国人把持着工部局的大权，因此鼓浪屿的管理模式基本上按照英国 Municipal Council 的那一套，因此鼓浪屿的道路的开设都根据实际需要和地形地貌，以至于街巷宽窄不一，曲折复杂，加上坡多，“迷宫”和“步行岛”历来成为岛上的一大特色。工部局不关心岛民的生活品质，多数华人家中都缺乏卫生设备。所以不论寒暑，每天清晨在中华路和龙头街这些华人比较集中的住宅区，都可以看到收集粪便和垃圾的木轮车穿街走巷，“倒粗尿”的吆喝声彼起此伏。而外国人和个别中国富侨、富商侨所居住的田尾等处，却是安静优雅，生活设施舒适齐全。这就是工部局统治时期，鼓浪屿的另一个特色。工部局的工程股下设筑路队，负责修建路面、水沟以及种树。而卫生股由副局长兼管，雇用

工部局颁发的轿牌

专职卫生员，下设清道、清洁两队，打扫大街小巷并清运垃圾、粪便，转售给内地农民作肥料。

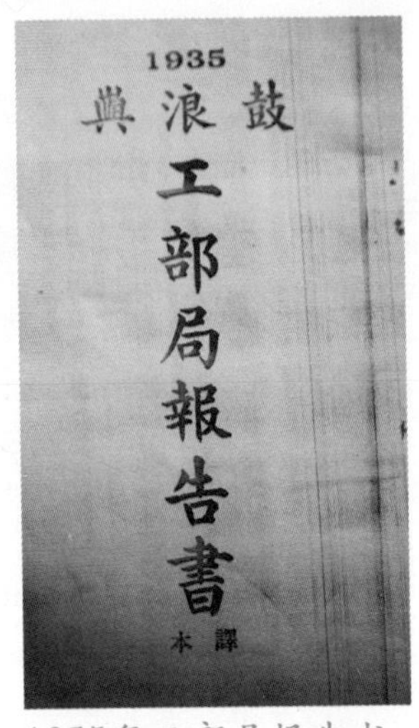

1935年工部局报告书[中译本]

1936 年，工部局为了强化统治，进一步控制所谓“罪犯和地下活动分子”，工部局董事会重新通过了《鼓浪屿公共地界保甲条例》，把岛上的华人居民分成 10 个联保，联保主任下设保长、甲长，全都由工部局委派。

董事会雇用的中外员工的“薪津”差别很大，外籍员工的年薪很高，华籍员工普遍都偏低，而那些中国人担任的联保主任、保甲长连薪水都没有。工部局刚设立时，秘书（即局长）的月薪就有 400 元，而薪水最高的华人收税员每月才不过 25 元，华人杂役最可怜，每月才有 6 元的工资。秘书(即局长) 的“薪津”还逐年增加，如:1919 年为 5375 元，1924 年为 7480 元，1926 年为 8900 元。以后增加的数额越来越多。因为害怕中国人知道，从 1927 年起就混在职员薪金表上作预算，不敢

1927年外国人绘制的鼓浪屿地图

单独体现出来。据知，1935 年工部局第六任秘书巴世凯仅月薪就达 1000 元，此外还有住屋租金 140 元和储金 100 元，而与之同时的英国驻厦领事算是高薪阶层，每月才有 700 ~ 800 元的薪金，而日本驻厦领事每月薪水也不过 500 元。巴世凯这个平时为非作歹的老兵痞靠着盘剥中国人的血汗过着奢侈的生活，[7] 早就引起岛上民众的不满，基督教大英长老会的传教士却跳出来以“高薪养廉”替他辩护。

[1] [3] [4] [5] [6] 余丰、张镇世、曾世钦：《帝国主义对鼓浪屿的殖民统治》，载厦门市政协文史委编：《厦门的租界》，鹭江出版社，1990 年版。

[2] 何其颖：《公共租界鼓浪屿与近代厦门的发展》，福建人民出版社，2007 年版。

[7] 据余丰、张镇世、曾世钦：《帝国主义对鼓浪屿的殖民统治》一文介绍：巴世凯本为英国军人，第一次世界大战中，因受伤一目失明而退伍。在英国生活困顿，未能成家。受聘来华到鼓浪屿任工部局秘书兼巡捕长后，因高薪和接受贿赂才得以请假回国完婚。其任职时间最长，且一向欺侮中国人，所以鼓浪屿人民对巴世凯最为反感。抗日战争厦门沦陷，巴世凯看形势不妙，遂于 1940 年底领到 20 万养老金溜回英国。详见厦门市政协文史资料委员会编《厦门的租界》，鹭江出版社，1990 年版。

第九章

会审公堂与厦门交涉署

厦门刚开埠的时候，民间涉外的事件相对不多，偶尔有事，也均由厦门海防厅及石浔巡检司参酌办理。第二次鸦片战争以后，外国人大量涌到鼓浪屿居住。于是，1871 年清政府在岛上设立通商公所，以处理通商和涉外事宜。嗣后，通商公所改称保甲局。1900 年，局址设于鼓浪屿兴贤宫[1]。《鼓浪屿公共地界章程》批准实施后，鼓浪屿保甲局改称保商局，迁到今鼓浪屿锦祥街（旧龙头渡头一带）办事。1903 年则改组成立为鼓浪屿会审公堂，1920 年后堂址迁至原泉州路 105 号，1930 年前后才最后移址到今笔山路 1 号华侨黄仲涵那两幢洋房办公。

鼓浪屿公共租界是近代清政府唯一主动开辟的租界，但清政府官员在与列强势力谈判时，竟把岛上的行政、立法、司法等行政管理权拱手相送。1902 年签订的《鼓浪屿公共地界章程》草案的第十二条，就仿照上海公共租界的成例，专设置了一条“会审公堂”的详细规定（所不同的是上海叫“会审公廨”）。“会审公堂”条文的内容归纳起来有下面几点：

1. 会审公堂的“专员”由厦门道暨总办福建全省洋务总局（按：即省洋务局）札委；

2. 涉及中国人被告的案件，由该“专员”处理，再录送地方官；

3. 涉及外国人的案件无论案情轻重，都得由“该管领事”亲自或派人来共同审问；

4. 凡涉案人员受雇或住在外国人家中，送发传票或传讯必须经过“该管领事”同意。

会审公堂的英文为 Mixed Court，即混合法庭。会审公堂上至堂长（“专员”，又称会审委员）、书记长、书记官、会话（翻译）下至收发、法警、传达、杂役，清一色都由中国官方委任、委派，乍一看俨然是中国政府的地方一级司法机构，但实际上并非如此。《章程》上白纸黑字写着：鼓浪屿会审公堂只能审理中国人的诉讼案件，案件如果涉及外国人，那会审公堂便不能做主处理，得请“该管领事”一起来坐堂“陪审”；如果中国人的案件牵扯到外国人（受雇或住在外国人家中），事先还必须和“该管领事”打招呼。中国人在自己的领土上行使司法权，却要遭受外国人的干预，会审公堂连所判处的罚金、刑事罚款甚至诉讼费等，最后全都得上缴给“驻厦领事团”把持的工部局。

《章程》关于会审公堂的规定，严重地损害了中国的司法主权。

鼓浪屿会审公堂旧址

鼓浪屿会审公堂从设立以来，就受到列强势力的挟制。为了进一步侵夺我国的司法主权，在界内行使其所谓的领事裁判权，列强势力经常无事生非、伺机刁难。1914 年 2 月 18 日，鼓浪屿工部局的“马达仔”无故捉拿中国居民，鼓浪屿商界因此举行罢市表示抗议，法国领事陆公德（Georges Eugene Lecomte）竟急电北京公使团转告大总统袁世凯，谎报革命党人在鼓浪屿策划“二次革命”，煽动居民暴动。北洋军阀政府闻讯后，立即批准公使团“便宜行事”，陆公德接到指示，马上以工部局董事会的名誉标封会审公堂，同时派遣巡捕在岛上搜捕所谓的“余党”。后经厦门市商会据实详电呈北洋军阀政府，经过反复交涉，事情才草草了结。但鼓浪屿会审公堂已经无端被标封了三个月。[2]

接着，北京公使团又强词夺理地以“在上海，假如没有外国陪审员的出席，任何刑事案件都不能被审理”为理由，于 1914 年 12 月给驻厦领事团的领袖领事菊池义郎发来急电，指使他今后在公共租界里面凡工部局移交上来的刑事案件，都得有外国人的“陪审员”出席审讯。时任鼓浪屿会审公堂会审委员的朱兆莘对此侵犯我国主权的行为表示无法接受，他在 1915 年 1 月 13 日致菊池的公文中，断然认为“当此陪审问题未定之际，为讯案敏捷起见，似无派陪审之必要”。 而菊池则以如无外国人陪审将审判延期相威胁。于是，双方相持不下，菊池依仗背后有各国驻京公使团撑腰，马上将此事向公使团添油加醋打小报告，公使团立即给中国政府外交部施加压力，外交部最后不得不作出让步，承认外国人有“陪审权”，并于同年 9 月让福建巡按使饬转会审公堂委员：“如遇有华人干犯捕务之案，仍应保留由陪审员代表之权。”从此以后，鼓浪屿公共租界的司法权便完全落入外人之手。[3]

1933 年 11 月，十九路军在福建发动“闽变”，成立“中华共和国人民革命政府”，同时发布第 108 号训令，宣布撤销鼓浪屿会审公堂，同年 12 月宣布收回鼓浪屿地方司法的管辖权并废除“领

最初会审公堂设在鼓浪屿兴贤宫内

事裁判权”。但鼓浪屿的驻厦领事团拒绝承认“人民革命政府”，以致 108 号训令未能生效，直到 1934 年“闽变”失败，会审公堂的主权仍然未能收回。[4]

1938 年厦门沦陷后，会审公堂只审理非政治性案件被告的华人，遇有所谓有抗日行为的华人，工部局则直接捕交日本当局处理。1941 年 12 月太平洋战争爆发，日军占领鼓浪屿，日伪厦门特别市另委派日伪厦门高等法院检察署的检察长兼任会审公堂的“委员”，会审公堂成了日本统治鼓浪屿的地方审判机关。1943 年 6 月 5 日，南京汪伪国民政府接管会审公堂，改为伪厦门地方法院鼓浪屿分院。抗战胜利后，当时的国民政府撤销鼓浪屿会审公堂。

当年鼓浪屿会审公堂（原误作上海会审公廨）被印制在一张国外的明信片上，其下端写着：A

sitting of the Maxed Court of the International Settlement of Kulangsoo，Amoy，中文即："厦门鼓浪屿公共租界会审公堂的一次开庭审讯"。 从照片中那些中国人的发辫和衣着来看，拍照的时间应该是在清末会审公堂设立后不久，地点当是在鼓浪屿兴贤宫的后殿。其审讯场面与古装戏剧中的县太爷过堂颇相似：两名涉案者面对判官跪倒在地，所不同的是当中坐着的那个判官（当是会审委员）两边各坐着一名洋人，仿佛"三堂会审"。办公桌右端还坐着的一名看那模样可能是"专管领事"的洋人，两侧各站着一些包着头巾的印度"红头阿三"，判官背后也站着两个。看起来这是一起属于涉外的案件，会审公堂的"专员"就在一大帮强梁霸道的外国人的裹胁下坐堂。会审公堂的实质在这幅旧照片中暴露无遗。

可见，会审公堂是帝国主义侵犯中国司法主权的领事裁判制度派生的畸形产物。

鼓浪屿会审公堂历任委员一览表

姓　名	籍贯	委派机关	到职年月	卸职年月
杨荣忠		兴泉永道尹	1903 年 5 月 1 日	1903 年 6 月
张兆奎			1903 年 6 月	
金学献			1904 年	
张　千			1905 年	
沈瑞麟				
陈鸿运				
董延瑞				
曹友兰			1911 年	1914 年
李瑞年		福建民政长代派	1914 年 5 月 11 日	1914 年 8 月 7 日
朱兆莘	广东	外交部、福建巡按	1914 年 8 月 7 日	1916 年 7 月

续表

姓　名	籍贯	委派机关	到职年月	卸职年月
沈观源				
陆守经				
沈观源				
石广垣	广东	司法部		
曹士元	福建	厦门交涉署奉省令代派	1922年10月13日，1923年4月	
李葆忻	福建	闽厦海军警备司令部	1924年	
刘亮齐	湖南	厦门交涉署奉省令代派	1925年1月12日	1925年1月15日
石广垣	广东	司法部	1925年1月16日	1926年2月18日
罗忠谌	福建	福建省省长委派	1926年3月1日	1933年7月23日
吴照轩	江西	福建省省长委派	1933年7月23日	1934年3月31日
周先觉	广东	福建省省长委派	1934年4月1日	1935年1月15日
罗忠谌	福建	福建省政府暨外交部、司法行政部委派	1935年1月16	至厦门沦陷被俘，获释后被遣送回榕

资料来源:《近代厦门涉外档案史料》。厦门大学出版社，1997年版。

厦门交涉署，又称交涉公署，它和会审公堂一样，前身都是1871年（同治十年）在兴贤宫设立的通商局（嗣后改保甲局）。该署于1910年10月30日设立，全称为外交部厦门交涉署[5]，在顶鹿耳礁一座洋楼（现编复兴路27号）办公。因系办理与各国领事馆有关华人、洋人案件的对外机构，所设交涉员一名的职位就相当于领事级。这个机构下设总务、交际、外政和通商四个科，各设科长一名、科员四名，办事书记若干名，每月经费由中国政府外交部拨付。从 1913 年 3 月开始，历任交涉员都由厦门海关监督署兼办。

公共租界时期，鼓浪屿岛上中国官方的正式机构，除了会审公堂和海关监督署之外，还有厦门交涉署和国民党厦门市党部第三区党部、厦门海港检疫所。海关监督署和厦门海港检疫所属于海关、港务相关联的机构。厦门一切涉外的事情都归交涉署负责承办。而鼓浪屿当时沦为公共租界，驻厦领事团直接控制下的工部局，其权势一手遮天，同在一个岛上的厦门交涉署这个中方的外事机构，自然不会被驻厦领事团和工部局的洋人看在眼里。

[1] 兴贤宫原址在鼓浪屿人民体育场一侧，俗称“大道公宫”或“大宫”，其两落大殿“文革”前已毁，现辟为马约翰广场。该宫祀奉北宋名医吴本，建于清代，是近现代鼓浪屿著名的一座民间信仰的庙宇。

[2] [4] 陈建盛：《鼓浪屿会审公堂概况》，载政协厦门市鼓浪屿区委员会编：《鼓浪屿文史资料》第 8 辑。

[3] 陈国强：《1915 年鼓浪屿租界的陪审权和领事法庭》，载政协厦门市鼓浪屿区委员会编：《鼓浪屿文史资料》第 9 辑。

[5] 关于厦门交涉署设立的时间，学术界均根据厦门市政协文史委的《厦门的租界》所载，定为 1910 年 10 月 30 日。今读厦门市志编纂委员会、《厦门海关志》编委会：《近代厦门社会经济概况》第 371 页，鹭江出版社，1990 年版。却记作“1913 年 10 月，交涉公署成立，属外交部掌管。所有以前为道尹或观察使处理的外交事务，此后一律成为该机构的责任所在”。

第十章 “鼓浪洞天”的文化传统

我国古籍有关鼓浪屿的文字不多。清乾隆年间的《鹭江志》记载“鼓浪屿横列于前，俨然几案是也”，又说“鼓浪屿在海中，长里许，上有小山、田园、村舍，无所不备”，是厦门四社之附寨社辖下的一个保。道光《厦门志》所载相差无几。从谱牒、文献和出土文物等资料来看，早在宋、元时期鼓浪屿就已经有人居住。明代的《闽书》等方志或附图时称之为“古浪屿”，时而称作“鼓浪屿”。这个小岛出土的天启二年（1622 年）的《黄振山墓志》已经明确写着：“宗人世居鼓浪屿……”[1]。“鼓浪屿”的得名是出自民间传说。第一个将传说记录下来的，是英国人翟理思。他在 1878 年出版的《鼓浪屿简史》说：“它之所以被称作‘鼓浪屿’，乃由于海浪在其西海岸某处发出一种特别像鼓的声音。”

早在 15 世纪末期，大西洋沿岸的欧洲国家通过“地理大发现”，开始向远东海域扩张，以漳州月港为中心的厦门湾的海上私商贸易也日渐频繁，后期还由非法的走私活动变成合法的民间国际海上贸易。鼓浪屿和厦门一起出现在当时西方人绘制的地图上，“鼓浪屿”这三个字也在张燮关于“月港”的那部《东西洋考》里面出现了。继葡萄牙人之后，被称作“红夷”的荷兰人也来到闽南沿海骚扰，池显方在鼓浪屿的房子曾遭到荷兰人的劫火，指挥“攻剿红夷”的福建巡抚南居益在日光岩的巨石上留下诗刻。郑成功据金门、厦门两岛抗清，同时大力发展海上贸易，借以“通洋裕

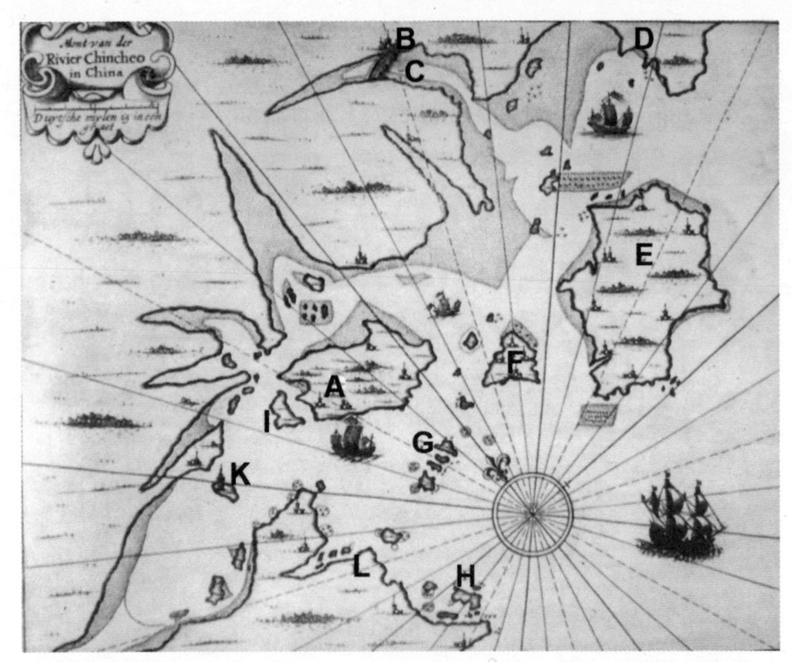

本图系西方人最早绘制的中国沿海地图之一，据考证绘制于1629年之前。图中A厦门，B安海，C安海桥(当为安平桥)，D围头，E金门，F列屿，G大担，H浯屿，I鼓浪屿，K海门，L镇海。

国”。继而，因为清政府在厦门设立闽海关正口，厦门港成为与台湾对渡的“台运”正口，同时又是对东南亚贸易的重要口岸，出现“番船往来，商贾翔集，物产糜至”的繁荣景象。鼓浪屿就这样和厦门一起在海洋文化的浸润中得以发展，厦门、鼓浪屿人的海洋文化性格也因之逐渐凸现出来。

1980年鼓浪屿“毓园”工地出土的清道光五年（1825年）《黄植圃墓志》，附有一面刻着“风水图”的墓志石。这幅“风水图”上，鼓浪屿只标有三个当时村落的地名。明清时期，这里的人们都以闽南传统大厝为居。保存至今的中华路“大夫第”，其祖上乃于嘉庆年间由海商起家。英国人柏拉德当年看到的那“几座整洁的甚至是雅致的郊区别墅”，没准其中就有这座三落大厝。

在清人的笔下，鼓浪屿人虽以渔农为生，但岛上有“石壁风云余旧垒”的日光岩，又有“四面海山包一寺，千家鸡犬出中流”的风光，原住民虽不算富足，也无仕宦之荣耀，但“风清夜，仙宫月满，歌吹遍雕栏”[2]，却很有农耕文明的情趣。和闽南地区大部分农村一样，宗教也成了这里社会文化生活的一项重要内容。乾隆年间，厦门诗人薛起凤在日光岩寺中还看过演戏。1878 年，英国人翟理思统计过岛上崇拜神佛的庙宇，其中有祀奉吴真人的兴贤宫和种德宫，有敬奉观音菩萨的日光岩寺和岛东边的石岩宫，还有敬拜福德正神——土地公的庙宇。翟理思来不及考察位于“三丘田”的瑞晄庵，因为这座“供奉着圣母的漂亮的庙宇”，刚刚被“一个粗野的医生经常在这个曾经是庄严的寺庙里举办令人讨厌的酒席，纵酒饮乐”而毁掉。[3]

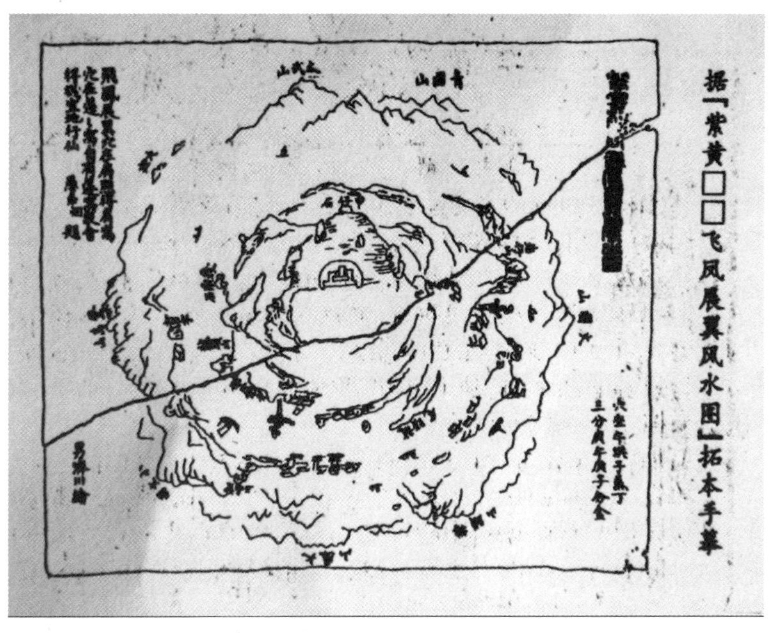

清道光辛巳年(1821年)黄植圃墓葬出土的鼓浪屿堪舆图(拓片摹本)

鼓浪屿民间有闽南文化尊儒重教的习尚。多年前，我曾在日光岩寺后殿南侧的巨岩上发现一方清代同治年款的摩崖残刻，其上载有重修朱子祠等内容。可见鼓浪屿人在敬仰神明的同时，也不忘对文化教育的重视。此外，翟理思和 1885 年到鼓浪屿办学的女传教士仁历西（Jessie M.Johnston）都注意到"保生大帝"宫庙前面一侧有个"塔形炉"，当地人"把掉在地上被脚踩过的废'字纸'拿去焚烧"。他们当然无法理解鼓浪屿人"敬惜字纸"的民风。鼓浪屿人又有闽南文化重商、勇于进取的遗风。早在明永乐年间随郑和下西洋的马欢已发现东南亚有操海澄口音的华人聚落，而海澄与鼓浪屿相隔甚近，宋元时期鼓浪屿的开发者就有对岸海澄的嵩屿李氏。鸦片战争前的《厦门志》记载厦门人"服贾者以贩海为利薮，视汪洋巨浸如衽席，……舵水人等藉此为活者，以万计"，而鼓浪屿也是"贾客风樯争倚岸，渔家灯火远连天"的地方。因而，厦、鼓人民对大担岛以外的世界，甚至对几千里之外的英吉利这个"蕞尔小夷"，也不是一无所知。正如前面说过，当地居民对外部世界的认知和熟悉的程度曾经让第一次登岛的英国人大吃一惊。

厦、鼓人民这些具有闽南文化特质的性格，引起了西方人的注意。早期来厦的英国人乔治·休士写了一批有关当地人文、经济等方面的著作和文章，他对当时闽南人（当然也包括鼓浪屿人）文化特征的研究，却相当客观公正。他说："闽南人的特征，一些人说是勇敢、自负和宽厚大方，而另一些人却说是好抬杠、粗鲁和极不诚实。我对闽南人的个人体会是，他们大体上不同于他们的同胞。我曾了解过，他们是文明的、勤劳的，按照中国人的标准，又是非常正直有尊严的"。[4]

闽南人特有的文化气质，让鼓浪屿人能以积极的心态去迎接这场东西方文化的猛烈撞击。被后人誉为"近代中国人用来测量世界海洋的第一块贝壳"[5] 的林鍼，就是其中一位杰出的鼓浪屿

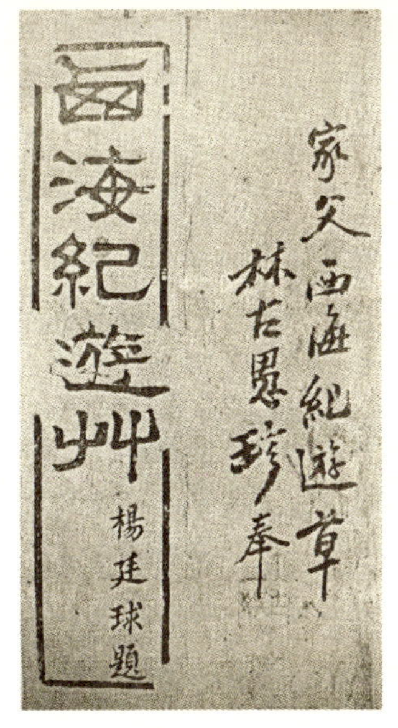

西海纪游草书影

人。鸦片战争过后，正当国内大多数人还在睁眼看着世界，不知道“美利坚”为何方妖怪之时，1847 年农历二月，林鍼已“受外国花旗聘，舌耕海外”[6]，从厦门扬帆出海，搭上经过汕头直达美国的“火烟舟”。1849 年他回到鼓浪屿后，撰写了一部《西海纪游草》，把他在美国的经历和见闻用诗歌的形式记录下来。

旅美期间，那里的高楼大厦、整齐的街道、水陆先进的交通工具以及避雷针、自来水、电报、“神镜”（按：即早期的银版照相机）、风琴等新奇的西方文明使林鍼的眼界大开。他还抓紧机会了解美国的社会状况，考察了不少医院、博古院（按：即博物馆）、养老院、盲人院和报馆。难能可贵的是林鍼一点也不崇洋媚外，他对美国南北方经济发展的不平衡和残酷的畜奴现象，以及美国那种“四毒冲天，人有奸淫邪盗”的社会风气，都采取了批判的态度。

我们无法统计继林鍼之后的近百年间，还有多少人从鼓浪屿走出国门，走向世界。但只要从公共租界时期从鼓浪屿到欧美留学的周淑安、马约翰、林语堂、林巧稚、黄祯祥、林克恭等人的身上，就不难发现闽南人那种心胸开阔、积极进取的文化气质，是一脉相承的。他们学习西方不同的先进文明，但和林鍼一样，都没有留在那里当“寄居虫”，而是义无反顾地回到当时还是灾难深重的旧中国，为中华民族争光。在他们身上，体现了闽南人爱国爱乡的传统精神。

在近代中西文化碰撞、交融的大背景下，公共租界这个特殊的社会环境，闽南文化移植、融合了包括西方文化在内的多种文化的营养，养育了一批又一批的鼓浪屿人。

[1]《黄振山墓志》，见何丙仲编纂的《厦门碑志汇编》，电视广播出版社，2004 年版。

[2] 文中所引的这些诗句均见诸乾隆年间的《鹭江志》。

[3] [英] 翟理思：《鼓浪屿简史》，载何丙仲编译的《近代西人眼中的厦门》，厦门大学出版社，2009 年版。

[4] [英] 休士《厦门及周边地区》，载何丙仲编译的《近代西人眼中的厦门》，厦门大学出版社，2009 年版。

[5] 钟叔河：《走向世界丛书》序，载《走向世界丛书》，岳麓出版社，1986 年版。

[6] 林鍼：《西海纪游草》序，载《走向世界丛书》，岳麓出版社，1986 年版。

第十一章

西洋风

厦门人很早就和西方世界有过交往。远的不说，明朝后期的朱一冯、南居益等爱国将领就曾在这里多次“攻剿”过来犯的红夷（荷兰人），海商郑芝龙纵横远东海域，和荷兰、日本等国家的商人打过交道，郑成功还把荷兰殖民主义者从台湾驱除出去。其后，郑成功之子郑经与英国商人签订协定，让他们在厦门设立商馆。在鸦片战争之前，厦门人已把“英吉利”、“荷兰”、“佛郎机”等一些当时国人还很生疏的“西南洋番市”，写入《厦门志》。然而，闭关自守的清朝政府最终还是把工业革命之后的西方文明，拒之于国门以外。而远隔重洋的欧洲列强自从16世纪地理大发现以后，就把贪婪的眼睛盯住东方的这个帝国。但西方人对这个文明古国五千年的文化毕竟知之甚少，加上别有用心的妖魔化，直到很久以后，它们仍把每一个中国人都当作是既愚昧又奸诈的“傅满洲”。[1]

这些横渡大洋而来的西方“文明人”，终于用坚船利炮和鸦片，明火执仗，破门而入。积贫积弱的满清政府没有力量抗拒西方的侵略势力，致使“西洋风”随之滚滚而来。两种截然不同的文化，就在沿江沿海对外开放的口岸城市开始产生了一连串的碰撞，厦门的鼓浪屿首当其冲。

在英军攻打厦门、占领鼓浪屿的同时，外国传教士就来到鼓浪屿“拯救”灵魂，灌输基督“福音”。外国传教士并不是来传播西方文化的。西方先进的文明，最初只不过是传教士手中的道具。1843年，传教士们抓住机会伙同美国领事、医生一起向福建布政使徐继畬灌输世界地理知识，并且用《世界地理图册》和地球仪满足他的求知欲。1847年，传教士向厦门海防分府和中营参将等清朝官员演示了达盖尔银版照相机、显微镜和望远镜的功能，还讲解电的起源和电气现象的一般基本原理。[2] 但为了尽快站住脚跟，寻找扩展的机会，传教士们最后还是把目标转向普通的老百姓，并且发现传教布道必须配上"教育"和"医疗"这两只"左右手"，才能有效地达到目的。

闽南白话字的新旧约圣经

基督教会初创时期就在厦、鼓创办识字班、学堂，推广闽南白话字，嗣后又在鼓浪屿办起一批教会学校。从广义上说，这些学校从事的不外是基督教的说教，并没有传播西方的先进文明。但它们采用西方的教育体制，还是给当地封闭性的传统教育带来了冲击和挑战，对日后新旧学的转型也发挥了作用。这段时期，鼓浪屿主要的教会学校有：1870年美国归正教会创办的毓德女子学校，初名"田尾女学堂"或"花旗女学"；1877年大英长老会创办的怀仁女学，初名"乌埭女学"或"红毛女学"，等等。其后，教会又先后在鼓浪屿创办、发展了一批学校，它们是：1873年英国伦敦差会初创的福音小学（1907年与附近华人所办的民立小学合并，称福民小学）；1881年大英长老会和美国归正教会联合创办的寻源中学，初名"男童学院"（Boy' s Academy），俗称"寻源斋"；1889年间美国归正教会创办的养元小学；1898年2月，英国伦敦差会创办（后由大英长老会接办）的英华书院（Anglo—

Chinese College）等。1886年，“田尾女学堂”正式定名为毓德女子学校；1899年怀仁女学搬至新址（今人民小学），这些教会女子学校都得到很大的发展。19世纪70年代以后，由于洋务运动兴起，中国社会借“西法”以“自强”、兴办洋务学堂的思潮蔚为风气，这些教会学校不得不逐渐增加了《地理头绪》（1888）、《天文地理略解》（1892）、《亚非利加州志》（1894）、《地势略解》（1897）、《地理教科书》；《笔算》（1900）、《天文道理》（1903）等西方科学知识的普及性教材。

西方医疗技术与基督的“福音”同时登陆鼓浪屿。早在明末清初，郑成功的父亲郑芝龙，以及后来征台受伤的“拖肠将军”蓝理等闽南人就接受过西医、西药的治疗。有清一代，到南洋谋生的闽南人对西医西药自然不会感到陌生。但厦门历史上第一家西医诊所却是1842年6月7日由两名医疗传教士在鼓浪屿创办的。1850—1854年，大英长老会也在厦门开设一间诊所，接着，在洋商的支持下，1862年又在寮仔后开办“智识窟医馆”（Community Hospital，后迁到竹树脚）。1872—1893

教会创办的寻源书院

教会创办的怀仁女学

年，美国人在后来建造领事馆的地方，创办了一家“海上医院”(Marine Hospital)，专为外国水手服务。虽然这些医疗机构规模都不算大，大部分存在的时间也不算长，但西方医疗的效果很容易就让当地人接受，许多下层民众由于医疗传教士的“慷慨”施治而皈依上帝。真正在社会上发生影响的是 1898 年 4 月 27 日美国归正教会医疗传教士郁约翰（John Abrahan Otte）在鼓浪屿创办的救世医院（Hope Hospital），俗称“河仔下医生馆”。1904 年，这家医院还增设妇女医院，荷兰皇太后赐名为“妇女保护者”(Protectress)，并以她的名字命名为“威廉明娜医院”(Wilthelmina Hospital)。该医院还附设全福建省最早的西医医科学校，培养中国医学人才。1911 年，郁约翰因受伤感染而去世，他的中国学生为他树碑纪念[3]，碑文称 :“郁约翰牧师，美国人也。医学博士，学称厥名，志宏厥名，志弘厥学。侨厦敷教施诊，精心毅力。廿载靡濡，手创医院三，授徒成业二十余辈，功效聿著，愿力弥宏。以身殉志，生不遗力，殁不归骨，卒践誓言，葬于兹邱。追念功

救世医院

设在鼓浪屿的厦门机器公司

德，表石以记。石可泐，骨可朽，先生功德不可没。诸学生仝泐石。”黄大弼等他的学生后来都成为闽南近代有名的西医师。

西方的商品经济在厦门开埠的那一天开始，就无孔不入地在当地扩张发展。鸦片战争之前，鼓浪屿处于农村自然经济的状态。第二次鸦片战争以后，外国人开始大量到鼓浪屿租、购土地，建造住宅，还直接在岛上开设洋行、银行，其中包括英国的汇丰银行、美商旗昌洋行和英商德记洋行的货栈，帝国主义列强驻厦领事也都以鼓浪屿为驻地，甚至建造领事馆或领事官邸。1870 年，以丹麦等三家欧洲电报公司组成的“大北电报公司”(Great Northern Telegraph Co.)也在鼓浪屿创办，1872 年“一条从厦门沿着海岸延伸到福州的线路和一条从公司在鼓浪屿的电报站到美国领事馆的短的陆地线路被建成”[4]。1878 年，鼓浪屿已经“能生产各种各样的冰、汽水”和“纯净不渗水牛奶”(Pure un-watered milk)[5]。1893 年，设在鼓浪屿的厦门机器有限公司在香港注册，这家公司“因为中资控股，并以绝对训练有素并结合丰富的英式经验进行运作，而为世所瞩目”[6]。为了倾销外国商品，从一开始外国人就在鼓浪屿开设专营洋货的商店，英商主利药房（Whitfield & Co.）创办于1898年，它除了出售药材，还兼营酒类、酒精、烟草和杂货。[7]

这个阶段，鼓浪屿的经济命脉主要控制在外国人手里。1878年，有个外国人在其著作里写道："像中国所有的港口那样，鼓浪屿的生活必需品并不很便宜。各种欧洲商品都很容易从外国人和本地人开的零售店里以公平合理的价钱买到"。[8] 说明当时的鼓浪屿人不但以出售家畜肉类、家禽、鱼类和水果等土产品和提供家政工作与外国人打交道，同时也开始以转手经营牛奶、西谷米、通心粉、面包、洋油、香港糖和新咖啡等洋货参与经济活动。这些从事小商贩和家政工作的鼓浪屿人都能重契约、讲诚信。当时在鼓浪屿的外国人认为家政工友索取的“工钱是合理的。每个月可以拿到10美元。按照中国普遍的习俗，上述所有的仆役做事是自觉的”[9]。鼓浪屿人在与外国人打交道的过程中，逐渐积累了的商品和市场的经验。19世纪80年代以后，尤其是公共租界时期，由于来鼓浪屿居住的台胞、华侨和漳泉两地工商业者的参与，岛上的商品市场最终打破了由外国商人一手遮天的格局。

受“西洋风”影响最明显的是鼓浪屿的建筑。鸦片战争前，岛上散落的是传统的“三落”或“两落”式闽南大厝。第一批到厦门传教的雅裨理等洋牧师和英国首任驻厦领事纪里布都在鼓浪屿租用民房。从1859年外国人建造第一座名为The Villa of Banyans（榕林别墅）和Eekee Junior Mess的洋房开始[10]，西洋建筑物就逐渐出现在鼓浪屿岛上。现在这些西式洋建筑绝大部分早已荡然无存，尚有案可据或有迹可查的，只有厦门海关税务司公馆（1860年，已改建）、法国领事馆（1860年，已改建）、协和礼拜堂（1863年）、厦门海关副税务司公馆（1865年购置）、大北电报局（1869年）、厦门海关大帮办楼（1870年购置）、日本领事馆（1875年）、

鼓浪屿早期的西式建筑风貌

毓德女学堂（1880 年）、厦门海关理船厅公馆（1883 年）等。从老照片上还可以看到一些当时属于各个教会、洋行和海关的住宅。早期所有的这些外国建筑物大都具有比较典型的西洋风格，造型庞大，大部分都辟有花园，因而占地面积相当可观。现已知厦门海关税务司公馆占地面积就有 22.305 亩，连海关管理员的宿舍楼占地也达 5.257 亩。19 世纪下半叶，随着帝国主义列强对华侵略的日益加剧，中国的社会经济日趋萧条，民生凋敝。鼓浪屿岛上西式楼房越建越多，而闽南传统民居却损多建少，形成东西方风格极不相协调的建筑景观。加上这个时期厦、鼓一带遭受几次强台风的袭击，砖木结构的古老民居更是不堪摧残。

在帝国主义列强把鼓浪屿划为居留地的同时，旅居东南亚的闽南籍华侨也开始陆续到这个小岛上定居。1882—1891 年间，海关税务司许妥玛（T.F.Hughes）说：在鼓浪屿“到处可以见到一些成功者的华丽住宅”[11]。他们以拥有欧式建筑或折中主义的所谓南洋华侨建筑为时尚，很少有人愿意再建造闽南的传统大厝了。1892—1901 年间，另一个海关税务司刁辛盛（C.L.Simpton）也说：不但“富有的中国人从马尼拉和台湾返回，随之建起了外国风格的楼房以作他们的住宅”，甚至连中国地方官员也喜欢西洋式样的建筑，他说：“（中国官员）也开始表现出对外国建筑和外国生活方式的欣赏。现任道台按往常的习惯住在城内他的衙门里。但是去年，他在鼓浪屿中心区弄到了一幢欧洲式楼房，现在每天乘坐六桨的外国轻便小艇，来往于他的衙门和住宅间。今年的皇帝生日时，该道台于他的私人住宅内和海军管带一道宴请各国领事、海关人员和所有主要的外国居民”。[12]

随着外国人居留地的形成，西方人的文化生活也渗透到鼓浪屿，但其初衷，绝对不是为了造福中国人民。1876 年建于鼓浪屿的厦门俱乐部（Amoy Club）设有图书馆、报纸阅览室、台球室、保龄球场和酒吧间，旁边还有小剧

外国人的运动场所——“番仔球埔”

院、硬地网球场和活动场所，平时举办“公开的草地网球赛”。但鼓浪屿的小孩只配在棒场外捡球当“仆欧”（Boy）。岛上的“番仔球埔”门外悬挂着“No dog allowed!”（狗不许入内）的牌子，直到1941年，公共租界已经行将就木，才允许华人入内踢球。[13]

礼拜堂让鼓浪屿很早就接触了西方音乐

西洋音乐由于基督教传教的推波助澜，比较早被长期受到“天风海涛”的环境熏陶、艺术的感悟能力得天独厚的鼓浪屿人所接受。1847年，第一个到美国的鼓浪屿人林鍼接触到“手弹足按”的风琴，就因为它的“音韵铿锵”而“神致飘然”。19世纪40年代中期的厦鼓贫民妇女依靠一本用闽南白话字写成的圣诗小册子，首次接受西洋音乐的启蒙，从1846年1月5日开始，她们便组织“华人每月音乐会”（Chinese Monthly Concert）[14]演唱《圣乐》。第一次在鼓浪屿落户的西洋乐器，是1878年英国人所介绍的英国礼拜堂里那架管风琴[15]。当时西洋音乐只有在鼓浪屿的礼拜堂才听得到。然而，西洋音乐正式列入学科，是在清末全中国范围内兴办“新学”之后。1906年创办的厦门女子师范学校开始设有音乐课。从此，音乐才从宗教的圣殿里挣脱出来，真正走向社会。

而体育运动因与传教工作没有直接关系，加上帝国主义列强根本不希望通过体育锻炼增强中国人的体质，所以其起步相对较迟。早期外国教会在鼓浪屿创办的学校至多只是课外开展一些活动，并没有开设体育课。后因形势所趋，1890 年鼓浪屿的寻源书院才把体格（Composition）、画图和音乐定为必修的课程，虽然这个所谓的“体格”课可能只是简单的体操锻炼而已，但体育毕竟开始成为一门学科。接着，其他教会学校也先后开设了体育课。足球在那个时候也开始进入鼓浪屿人的生活。1898 年有个外国人在一份报告书中取笑鼓浪屿的孩子“因为鞋子没有绑鞋带，踢球者的鞋有时会飞到半空中，比球还高”。无论如何，它起码说明当时的鼓浪屿人已“从这些运动中得到了极大的乐趣”。[16]

鼓浪屿划为公共租界以后，一方面是西方近代的物质文明和精神文明进一步冲击着鼓浪屿人的社会生活。但另一方面，却使鼓浪屿人在行政管理、法制和纳税等问题上，及早接触了普世的先进观念。

《鼓浪屿公共地界章程》签订后，列强势力设立了工部局，并以《章程》和《鼓浪屿工部局律例》为界内行政管理的基本法规，统治鼓浪屿。这些都是历史的事实。但我们不能因为这些《章程》和规定危害了中国人民的利益，就不分青红皂白地连同西方较为先进的法制观念也一律给以否定。事实上，列强势力在鼓浪屿推行的那一套西方法制制度，相对旧中国的政治制度，包括法律制度和行政制度而言，客观上还是有值得借鉴的一面。譬如，19 世纪的西方国家的公民向法院对行政机关提出诉讼，是很正常的事。而在中国的封建社会里，平头百姓妄想可以控告官府。但《鼓浪屿公共地界章程》的第八条就允许老百姓“控告公局”，“公局可以告人，亦可被人控告”。尽管在具体执行的过程中往往不是那么回事儿，但在当时，这种制度还是可取的。又譬如，鼓浪屿会审公堂引进了西方较为先进的司法制度。它设置了起诉、取证、审判、辩护和判决等诸多法律程序，在审讯过程中减轻肉刑、允许聘请律师出庭辩护等，与中国封建社会那套滥用刑讯、动辄打屁股的传统审讯方法也有所不同，这对近代厦门的司法制度的进步也产生了一定的影响。

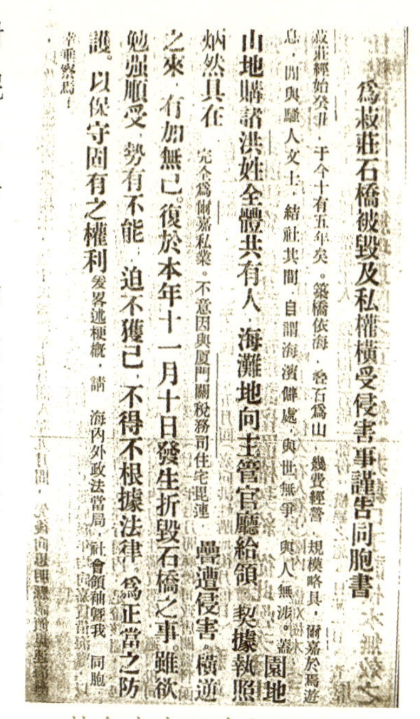

爲菽莊石橋被毀及私權橫受侵害事謹告同胞書

菽莊經始癸丑，于今十有五年矣。築橋依海，叠石爲山，幾費經營，規模略具，爾嘉於焉遊息，間與騷人文士，結社其間，自謂海濱僻處，與世無爭，與人無涉。茲園地山地歸諸洪姓全體共有人，海灘地向主管官廳給領，契據執照炳然具在，完全爲爾嘉私業。不意因與廈門關稅務司住宅毗連，疊遭侵害。橫逆之來，有加無已。復於本年十一月十日發生折毀石橋之事。雖欲勉強順受，勢有不能，迫不獲已，不得不根據法律，爲正當之防護。以保守固有之權利。爰畧述梗概，請海內外政法當局、社會領袖暨我同胞，幸垂察焉！

林尔嘉告同胞书的书影

公共租界施行的《律例》和税收制度是套在中国人身上的枷锁和敲骨吸髓的工具，然而，在前仆后继的反帝斗争中，它又促使了鼓浪屿人能够相对较早地掌握法律武器以维护自己的权益和尊严。1922 年初，鼓浪屿洋人纳税者会为在洋人住宅区修建新的道路和沟渠，增辟了自行车牌照费等三个项目的税费，鼓浪屿中小工商业者组织“商业研究会”，发动“抗税运动”，同时发动全体华商采取行动，断绝与洋商合作，终于迫使工部局不得不减少工程的费用，并放弃征收“店铺牌照费”。1929 年，菽庄花园的石桥无端遭到海关税务司侯力威的拆毁，园主林尔嘉向社会呼吁“不许其藉口领事裁判权，逍遥法外”，同时向中国法庭申诉，根据法律经过数年的上下波折，终于打赢这场官司。[17]

近代鼓浪屿的历史，是一部屈辱史。但列强势力万万没想到，“西洋风”却在鼓浪屿绽开出一朵闽南文化的奇葩。

[1] 傅满洲博士，是英国作家洛莫尔笔下一个阴阳怪气的中国官僚。从 1913 年起洛莫尔以所谓傅满洲的故事创作了十余部文学作品，有些还拍成影视到处放送，使中国人的形象在西方世界产生极为负面的影响。

[2] Gerald F. De Jong, *The Reformed Church in China* 1842—1952, pp.28 ～ 29 ; Michigan,U.S.A.1992。

[3] 郁约翰纪念碑塔在鼓浪屿原市第二医院内，乃其中国学生黄大辟等所立，分别用英文、荷兰文、拉丁文和闽南白话字四种文字镌刻，镶嵌在四个正立面。中文碑文系郁氏学生陈天恩先生的后裔由美国寄赠笔者。

[4] 厦门市志编纂委员会、《厦门海关志》编委会：《近代厦门社会经济概况》，第 94 页，鹭江出版社，1990 年版。

[5] [8] [9] [10] [15] [英] 翟理思：《鼓浪屿简史》，辑入何丙仲编译的《近代西人眼中的厦门》，厦门大学出版社，2009 年版。

[6] [7] [英] 包罗：《厦门》，辑入何丙仲编译的《近代西人眼中的厦门》，厦门大学出版社，2009 年版。

[11]《近代厦门社会经济概况》，第 270 页。鹭江出版社，1990 年版。

[12] 同 [11]，第 336 页。

[13] 厦门市志编纂委员会、《厦门海关志》编委会：《鼓浪屿文史资料》第六辑"补白"。厦门第二中学校友会藏有一幅旧照片，后有照片原主人背书"1941 年□月 21 日华人第一次进入'番仔球埔'比赛纪念"。据黄猷、吕庭祥等鼓浪屿老前辈回忆，昔日"番仔球埔"门口曾经悬挂写着"No dog allowed!"的牌子。

[14] The Reformed Church in China 1842—1952, p.32 ; By Gerald F.De Jong, Michigan, U.S.A.1992

[16] The Reformed Church in China 1842—1952,pp.219 ～ 220;By Gerald F.De Jong, Michigan ,U.S.A.1992

[17] 林尔嘉：《菽庄石桥被毁告同胞书》，原件藏厦门市博物馆。

第十二章

台胞、华侨是鼓浪屿多元文化的催生剂

19 世纪后半叶，鼓浪屿成了外国人的居留地之后，居住的条件和环境比起厦门旧城区有所改善，加上岛上风光如画，对于那些早期出洋的成功者来说，鼓浪屿自然是他们回国定居的首选之地。1896 年清政府割让台湾以后，许多爱国的士绅纷纷内渡，也选择到鼓浪屿居住，或在岛上建造私人园邸。台湾富绅林尔嘉先是迁居厦门，发现旧城区脏乱喧闹，最后还是选定在鼓浪屿生活[1]。这个时期定居鼓浪屿的这些华侨和台胞的祖籍地大部分都在闽南地区，这也是他们选择到鼓浪屿建宅居住的原因之一。鼓浪屿沦为公共租界时期，由于中国国内连年战乱，闽南各地兵匪肆虐，公共租界这个特殊的社会环境相对却比较平静，加上 20 世纪 10—20 年代厦门正处于近代化港市建设的时期，因此，鼓浪屿吸引了更多闽南籍的海外华侨和漳、泉人士前来筑宅居住。1921 年，海关税务司麻振统计过，“1912—1913 年，在厦门和海峡殖民地之间，有 50829 人返回。这是多年来的最高记录”[2]。

这些来自海外或漳泉各地的华人在鼓浪屿或长期定居以发展事业，或短期居留以作休憩之地。他们往往根据地形、地貌，见缝插针，广建私宅楼院，岛上属于华人的建筑物开始逐渐增多。早在 19 世纪 80—90 年代，旅居东南亚的闽南籍华侨所建房屋数量之多，式样之华丽，特别他们表现出来的经济能力和新的观念，

华侨和台胞建造的建筑群

就引起外国人的注意。他们说，在鼓浪屿“到处可以见到一些成功者的华丽住宅，这些人或凭藉不正常的好运气，或凭藉杰出的才智，设法在爪哇或海峡殖民地积累大笔财产，然后安全地把它们带回自己的家乡。……许多回来的移民，尤其是少数成功者，有着较丰富的经验，较广阔和较开明的视野”[3]。这些从台湾以及南洋各地回国后定居鼓浪屿的人，以拥有欧式建筑或折衷主义的所谓南洋华侨建筑为时尚，很少有人愿意再建造闽南的传统大厝了（少数人像台胞黄莪生还在四枞松建造“九十九榈”大厝）。十年后，外国人发现连中国地方官员也喜欢西洋式样的建筑，也在鼓浪屿中心区弄到了一幢欧洲式楼房[4]。1902—1911 年间，英国人巴尔（W.R.Parr）不得不慨叹地说，“在鼓浪屿，最好的大厦是属于那些有幸在西贡、海峡殖民地、马尼拉和台湾等地发迹的商人的后裔所有”。[5] 可见，鼓浪屿公共租界设立前后，华侨和台胞在岛上建造的房子，在数量或外观上已超过外国人，而且把原来中西风格不相协调的建筑景观都包容起来。

从被占为外国人的居留地到沦为公共租界期间，不但建筑物这个载体如此，鼓浪屿的人口数量也处于持续上升的趋势。据资料统计，1850 年厦门和鼓浪屿才有成年外国人 29 名 ，1855 年增至 34 名（其中英国领事馆人员 5 名，英商 22 名，英美传教士 7 名）。[6] 而外国人开始进住后不久的 1878 年，鼓浪屿各种国籍的外国人就增加到 252 名，同年岛上的原住民才 2835 人。[7] 根据厦门海关十年报告书几个年度有关人口的不完全统计，1880 年厦门城市与郊区约有 88000 人，而外国居民为 285 人（1879 年为 292 人），1881 年为 275 人。[8] 而“鼓浪屿公共租界”设立后，1911 年鼓浪屿的人口就增加到“估计大约为 12000 人，外国居民大约 300 人”。[9] 而 1930 年，拥有各种国籍的外侨为 567 人（其中日本 369 人），但中国居民已达 20465 人。[10] 而 1941 年，“鼓浪屿人口大约 43000 人，不包括为数甚少的欧洲和美洲居民”。[11]

从“公共租界”划分的 1902 年到它将近终结的 1941 年，鼓浪屿的人口从大约 12000 人发展到 43000 人，增长了近 4 倍。而

1908年之前，台湾富绅林尔嘉在鼓浪屿私宅。

住在岛上的外国人基本上保持在二三百人左右（个别年度把日本人统计进去，所以超过 500 人）。如果从 1878 年至 1941 年这六十年多年间的粗略统计来看，岛上外国人的人数变化不是太大，而中国人从 2835 人增长到大约 43000 人，人口数量增长了 15 倍。

中外人口的比例无论在数量，还是在素质方面，也都发生了变化。从 19 世纪后期开始陆续迁来居住的新鼓浪屿人，改变了岛上那些靠种田或“讨小海”为生的中国人的形象，同时，也使原先鼓浪屿人对西方文明的被动接受，开始转向主动的融合和移植。这些新鼓浪屿人主要是早期出洋的闽南华侨及其眷属，其中甚至有以英国裕丰洋行为名而在鼓浪屿开设铸造铁锅工厂的新加坡华人；[12] 其次是台湾割让给日本以后内渡大陆，来鼓浪屿定居的台胞人士；最后是漳、泉两地（包括当时的同安县）的移民。他们的职业大致又可分为：(1) 工商业者和知识分子；(2) 基督教信徒或慕道友；(3) 大量来鼓浪屿以小商贩、“路头工”（按：即码头工人）和以其他杂役为生的破产农民。此外，还有少量从上海、广州等开埠口岸辗转来鼓浪屿寻找机会的一般商业人士以及技术工人。

他们中不但有具有爱国抱负又富有传统文化气息的台湾富绅，还有既具有相当经济能力，又有近代化经营理念的海外成功人士。1895 年因为不满于清政府的“割台”，不愿意当日本的顺民，愤而举家内渡的“林本源家族”的林维源、林尔嘉父子，当年都是台湾出名的富绅，人称“板桥林家”。林尔嘉系工部局的第二位华人董事，1904—1907 年还担任厦门保商局总办兼厦门商务总会总理，主持制定《土地买卖章程》和《华洋交易规约》。林尔嘉热衷于地方公益事业，后来当选为厦门市政会长。他在鼓浪屿辟有花园，组织“诗社”，提倡传统文化。他的后辈也多留学海外，取得学位。比“板桥林家”略早在鼓浪屿建家立业的还有台湾“雾峰林家”的林朝栋，其父林文察官拜福建陆路提督，他本人是“即将上

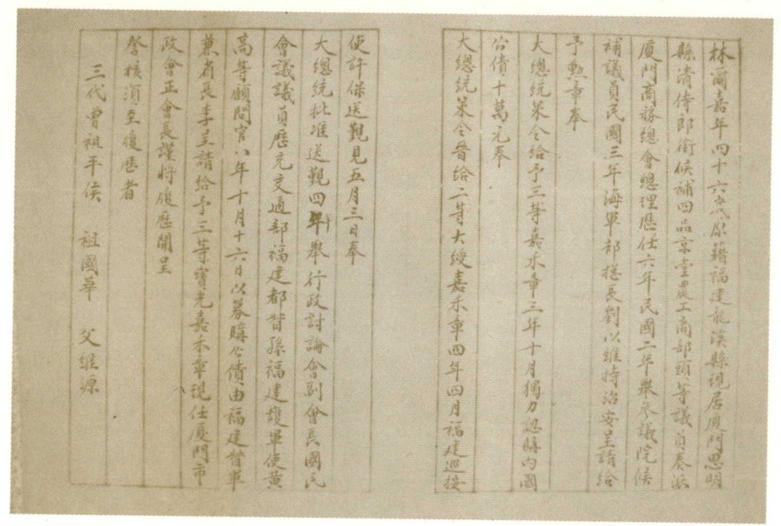

林爾嘉年四十六歲原籍福建龍溪縣現居廈門思明
縣清侍郎銜候補四品京堂農工商部頭等議員奏派
廈門商務總會總理歷任六年民國二年衆參議院候
補議員民國三年海軍部總長劉以維持治安呈請給
予勳章奉
大總統策令給予三等嘉禾章三年十月獨力認購內國
公債十萬元奉
大總統策令晉給二等大綬嘉禾章四年四月福建巡按
使許保送覲見五月三日奉
大總統批准送覲四年舉行政討論會副會長國民
會議議員歷充交通部福建都督孫福建護軍使黃
高等顧問官八年十月十六日以募購公債由福建督軍
兼省長李呈請給予三等寶光嘉禾章現任廈門市
政會正會長謹將履歷開呈
參核須至履歷者
三代曾祖平侯 祖國華 父維源

1920年林尔嘉手书的个人履历

任的道台经办”，又经营福建全省的樟脑贸易。[13]“雾峰林家”在鼓浪屿所建造的“宫保第”建筑群，既有闽南传统民居，又有向外国人购买的西式楼房，当年显赫一时，其子林祖密还是近代民主革命的著名人物。1919 年从印度尼西亚回国定居发展的华侨巨富黄奕住更是新一代鼓浪屿华人的典型人物。他经营事业的现代化观念为世所瞩目[14]，他创办的电灯、电话和自来水公司，开启了厦门公用事业建设的先河。他在岛上向外国人赎回地产，建造黄家花园以及观海别墅，更是体现了一代华侨的经济实力。所以 1927 年黄奕住成为第一位担任鼓浪屿工部局副董事长的中国人。华侨林文庆早年留学英国爱丁堡大学，获医学内科学士和外科硕士学位，系南洋著名的医学家和实业家，1921 年起，还担任厦门大学校长。公共租界时期居住在鼓浪屿而且很有影响的华侨、富绅，如郭春秧、黄仲涵、黄念亿、黄仲训、李清泉、许汉、杨忠权等，还有不少。此外，像林语堂、周辨明、林巧稚、白施恩和林全成等一大批留洋博士、学者，都是当地民间耳熟能详的名人。同时，鼓浪

华侨黄奕住的住宅

屿还开始形成一些具有一定经济能力，有文化又较有现代观念的家族或家庭，其中除了众所皆知的林尔嘉的“林氏府”（林维源、林尔嘉、林刚义祖孙三代，实业家林鹤寿和林嵩寿，著名油画家林克恭，书画家龚植等），和黄奕住的“黄聚德堂”（华侨实业家黄奕住和黄奕守，其子黄钦书和著名学者黄萱等）之外，还有林家（厦门大学校长林文庆和著名医生林可胜父子）、黄家（民主革命人士、企业家黄廷元和黄琢修、黄琢齐父子）、周家（宗教家周之桢、周之德兄弟和语言学家周辨明、油画家周廷旭、音乐家周淑安等）、邵家（教育家邵庆元、邵建寅父子）、殷家（实业家殷雪圃）、许家（民主革命人士许春草，其子翻译家许康安、教育家许扬三等兄弟）、郑家（英华中学首任华人校长郑柏年和考古人类学家郑德昆父子）、卓家（著名实业家卓全成、卓绵成兄弟和旅英钢琴家卓一龙）等。

老鼓浪屿人牛何之先生按照行业把公共租界时期岛上的人大

致分为上层、主体和边缘三大类：[15]

第一类："其上层是外国领事官、外国教会的传教、办学、医务人员，中国洋务机构的高级洋员、洋行大班、工部局的高级华洋员警、中国现代企业如银行、共用事业的经理阶层，医生、牧师，和被安置在这里的南洋华侨商人眷属"；

第二类："其主体是各自营生的市民：白领阶层的洋行雇员，海关、银行、邮电、共用事业的职员，中小商人，相当数量的学校教师与学生，守着一份祖业过日子的几个早期在鼓浪屿创业的家族的后人，海员、工匠以至相信自己的下一代可以通过接受一定教育挣得出人头地的，为外国人执役的 Boy"；

第三类："其边缘是耕种着内厝澳几块剩余的田地、或以打渔为生的农民和内海渔民，包括原来定居和从内地逃荒过来的；还有从他们中间分化出来的双桨工人、苦力、小贩、徒工、清洁工、佣人等"。

上述出自华侨、台胞和各地精英的有文化、有影响的家族或家庭的成员，应该都是属于"上层"这一类的鼓浪屿人。他们是推动当地物质文化和精神文明向现代化发展的主要力量。他们和保存着深厚的传统文化的普通民众（"主体"和"边缘"这两类群体）互相呼应，共同创造了鼓浪屿公共租界时期文化多样化的局面。

[1] 台湾中央研究院近代史研究所口述历史丛书 [42]，《林衡道先生访问记录》。

[2] 海关税务司麻振（J.H.Macoun）的《海关报告书（1912—1921 年）》，载厦门市志编纂委员会、《厦门海关志》编委会：《近代厦门社会经济概况》，第 380 页，鹭江出版社，1990 年版。

[3] 载厦门市志编纂委员会、《厦门海关志》编委会：《近代厦门社会经济概况》，第 270 页，鹭江出版社，1990 年版。

[4] 同 [3]，第 336 页。

[5] 同 [3]，第 359 页。

[6] [美] 休士《中华帝国对外关系史》第一卷，第 409 页，上海书店出版社，2000 年。

[7] [英] 翟理思 :《鼓浪屿简史》，载何丙仲编译的《近代西人眼中的厦门》，厦门大学出版社，2009 年版。

[8] 同 [3]，第 255 页。

[9] 同上，第 356 页。

[10] 同上，第 356 页。

[11] 同上，第 356 页。

[12] 同 [11]，第 254 页。

[13] 同 [11]，第 328 页。

[14] 赵德馨 :《黄奕住传》，湖南人民出版社，1998 年版。

[15] 牛何之 :《鼓浪屿 : 死去还是活着》，载厦门市闽南文化研究会编 :《闽南文化研究》，2008 年 4 月，第 14 辑。

第十三章

鼓浪屿公共租界的经济、政治和文化教育

公共租界时期，由于在鼓浪屿居住的台胞、华侨和漳泉两地工商业者的积极参与，岛上的社会经济状况发生了变化。1907 年，台湾富绅林尔嘉独资创办了一家电话公司，几经周折，1933 年正式成立“商办厦门电话股份有限公司”，装机已达 400 门，可接通厦鼓和漳州、海澄一带。1908 年，华侨杨格非和陈天恩、黄廷元等人收购英国人在鼓浪屿的慈化酱油厂，创办了淘化罐头食品厂，生产酱菜、水果罐头和酱油，并行销东南亚各国。1927 年，南洋华侨也在鼓浪屿开办兆和罐头食品公司，制作“四色菜”等罐头

华侨兴办的鼓浪屿淘化罐头食品公司

酱菜行销英属马来亚等地。1913 年的英商伟仁洋行创办电厂、安装电灯。1926 年，鼓浪屿人民开展抵制电灯运动，成立了争回电灯权委员会，旋由华侨集股把这家电灯公司赎回自办，并改名为“鼓浪屿电灯电力股份有限公司”。此外，华侨还创办了福建硝皮厂、南州花砖厂和东方江东冰水种植实业股份有限公司等一批企业。这个时期，因为人口数量明显增多，鼓浪屿的商业和其他行业也随之兴盛起来。除了原已开业的洋货店之外，1906 年中国人合资创办了福建药房（The Fokien Drug Company,LTD），经营进出口药材，也兼营酒类及酒精、感光化学药品、文具、奢侈杂货和厕卫用品等。[1] 此后，中国人经营的零售商店更是如雨后春笋般出现在鼓浪屿上。一时中西商品杂陈，土洋百货齐备。虽然鼓浪屿的民族工商业从总体上看，暂时所占比例还不够大，但不可否认，公共租界时期鼓浪屿的市面还是呈现出畸形的“繁荣”景象。

社会经济的发展，自然促使了鼓浪屿的华人产生挣脱列强势力利用《章程》捆在身上的种种束缚，保护自身权利的愿望。他们经过不懈的努力，组织起来，最终参与了界内的政务。同时，中国人自办新式学校，更好地学习中国传统文化，掌握现代化专业技能，也成为鼓浪屿华人的当务之急。

鼓岛有中英文招牌的商店

鼓浪屿人民自发的组织一开始就遭到外国人的打击。沦为公共租界的当年 12

月，鼓浪屿人由于工部局于“地租一项，每于章程外加收数倍”，加上其他苛捐杂税，屿民“不堪其扰”，遂在乌埭角（今福州路一带）倡设鼓浪屿会议所，每星期六晚上开会讨论有关事项。工部局以该会议所未经申报，触犯规例，立即给予取缔。

辛亥革命推翻了满清封建统治之后，厦鼓人民反对帝国主义侵略的呼声日益高涨。正好1924年因为厦门的道尹公署迁至泉州，当年工部局的华董无人委派。为了缓和工部局和鼓浪屿民众日益尖锐的矛盾，驻厦领事团于是顺水推舟，同意成立华人纳税者会，由它来推选华董。

不久，日本帝国主义在上海制造“五卅惨案”，激起全国人民的反帝怒潮。厦、鼓人民自发组织起来，举行了声势浩大的反帝大游行。在觉醒了的中国人民面前，列强势力不得不答应修改《章程》、增加工部局的华董名额等等条件。在斗争取得初步胜利的形势下，黄廷元和鼓浪屿的地方名流发起组织了华民公会，黄奕住、黄仲训和林尔嘉等原华人纳税者会成员都转过来加入华民公会，华民公会最后取代了华人纳税者会的职能。[2] 1926年3月1日，华民公会提出修改《鼓浪屿公共地界章程》，改组工部局董事会，收回会审公堂等主张，得到各阶层大众的支持。同时，华民公会还成立“修改鼓浪屿公共地界章程起草委员会”，负责研究修改与《章程》有关的问题。8月12日，经审查委员会修正通过。在厦鼓各界人民的支持下，驻厦领事团被迫接受修改意见，经北京公使团同意，于同年12月27日开始施行。[3]

1927年大革命失败后，鼓浪屿华民公会这个原具有广泛代表性的民间组织再次进行改组，公开投票选举议员。1928年2月7日，华人议事会正式成立。它不仅有权选举工部局华董，还可以推荐5名代表义务担任工部局财政、建设、卫生、教育和公安等五个委员会的委员。华人议事会虽成了国民党鼓浪屿区分部掌控下的上层社会的组织，但议员多数是具有民族自尊心和爱国热情的华侨或侨眷，它成立以来的 12 年间，尚能积极维护中国人的权益，因而仍是鼓浪屿人民反对洋人殖民统治的中心。鼓浪屿华人的积极参政，对列强势力在该岛的殖民统治多少起到了制衡的作用，当然，也为中西方文明的平等交流，提供了有利条件。

中国人自办新式学校，也是公共租界时期的一件大事。鸦片战争以后，列强势力先是由于传教的需要在厦门办起识字班和学堂，继而迁至鼓浪屿创办了一批采用新式教育的教会学校。19 世纪 60—90 年代，中国国内开始出现洋务派的学堂，接着又有维新派的新式学校。但鼓浪屿仍旧是教会学校的天下。20 世纪初，由于大量的华侨和漳泉人士到鼓浪屿定居，为了适应这些新鼓浪屿人的子弟学习中国文化的需求，在清政府推行“新政”，废科举、办新学的形势下，一批中国人自办的新式学校应运而生。而这个时候，鼓浪屿已被划为公共租界了。

当年华人先后所办而历时长短不一的新式学校有：新华中学（1919 年利用前德国领事馆公馆创办）、武荣中学（南安公会归侨利用前德国领事馆创办）、思明中学（卢心启、孙印川等在晃岩路租民房创办，四五年后停办）、中山中学（1928 年前后在东山仔顶创办）、民生职业中学（曾淑端女士在中华路创办，两年后停办）、思明女学校和思明小学（孙镜塘在今鼓新路创办）、光华小学（1928 年前后李汉青在内厝澳创办）、三民小学（1928 年前后黄瀛在鼓山路创办）、平民小学（鼓浪屿商人在龙头启新印字馆楼上创办。[4] 办学时间较长而且较有影响的，有以下几所学校：

厦门女子师范学校：又称海滨女子师范学校、上女学。1906 年 4 月 24 日在内厝澳的宫保第创办 [5]，后迁至港仔后周之桢宅。曾聘请近代著名女诗人吕碧城之妹吕坤秀从北京来厦任教。吕氏姐妹四人当时分别担任南京、奉天、天津和厦门的女子师范学校校长和教师，一时为教育界的佳话。[6] 鄢铁香、贺仲禹等教师皆为闽南宿儒。周淑安、林巧稚、黄萱、黄墨谷等均曾在该校就读。

慈勤女子中学

1929年由华侨黄奕住接办，名慈勤女子中学。[7]

慈勤女子中学：1929年黄奕住接办厦门女子师范学校后，迁至大德记（现为厦门市经贸干校），改称慈勤女子中学，并附设小学。1938年停办。

闽南职业学校：1922年，福民小学校长叶谷虚在旅菲华侨杨忠懿、叶崇禄的支持下创办[8]，分为商、工两科，教授簿记、会计、藤工、印刷（附设铅字印刷车间）等实用专业。1938年停办。十数年间为社会培养了上千名有专业技术能力的人才。

普育小学：原系黄氏私塾，清末改为普育小学堂。1921年由华侨捐助在日光岩下建造正规校舍，名“普育小学”，后一度名为“普育实验小学”。鼓浪屿劳动阶层的子弟多到该校接受教育。1938年因属公立而被日伪当局接办，抗战胜利后复校。[9]

英华校友小学：1927年由英华中学校友利用原回澜圣道学校的旧校舍创办。教师均为英华中学的校友。教学精严，素为全岛之冠。

中国人自办的新式学校和原有的教会学校同时并存，是公共租界时期鼓浪屿的一大特色。中国人办学由地方政府统一管理，教会学校则自己编印教材。英华书院甚至仿效英国的学制，有的学科连课本也是直接从英国运来的。这种现象延续到1925年。当时国民政府规定，凡私立学校包括教会学校均须登记注册，报省核准后方为合格。至此，各教会学校接受地方教育主管机关的管辖。公共租界时期，鼓浪屿中、小学校的密度堪称全国之最，其教学质量在闽南地区乃至台湾和东南亚各地也都有相当的影响。

公共租界时期，鼓浪屿由于教育机构集中，教育事业一时较为发达，文化艺术也随之得到发展。

西洋音乐的流行，是鼓浪屿文化的一个重要的特色。早在1908年，清政府在厦门接待美国东方舰队的来华访问，14岁的鼓浪屿少女周淑安就能用英文领唱美国国歌《星条旗永不落》，使得异邦人士侧目相看，赞叹不已。[10] 公共租界时期，致力于让音乐从教堂走向社会的人，不能不提到乔治·科思牧师（George Kots）和闵加力夫人（Mrs. Stella Veenschoten）这两个人。科思先生是寻源书院的音乐教师，1925年他组织了一支有20件乐器的中国学生乐队，到教堂和鼓浪屿的公园献演，在社会上取得很好的反响。钢琴家闵

华侨创办的闽南职业学校

在西方音乐流行的鼓浪屿，人们依然喜欢传统音乐。

加力夫人从 1917 年以后一直在鼓浪屿从事音乐教育和推广工作，她用心于小学音乐教师和礼拜堂合唱队指挥的培养，“还着手帮助毓德女子中学的一支管弦乐队使用唯一的中国乐器”[11]。20 世纪 20 年代初，鼓浪屿的中学都有校园的合唱队和小乐队，1925 年，寻源中学的乐队还走进鼓浪屿的民间，进行公演。应该说，在公共租界时期，西洋音乐在鼓浪屿已经不再是洋人的专利，也不仅仅局限于教堂的《圣乐》，而是成为当地人所喜爱的一门艺术。

真正懂得西洋艺术并且有条件从事西洋音乐实践的鼓浪屿人，毕竟还不普遍。更多的民众却对本土的南音、歌仔戏等传统音乐一往情深。因此，在鼓浪屿可以聆听到白领阶层的医生、牧师或南洋华侨商人的眷属在弹奏钢琴和其他西洋乐器，但更热闹的是街头巷尾、楼前厝角，时时都可以听到南音、歌仔戏悠扬的旋律，甚至昆腔、越调也时有所闻。当年在海坛路的“颍川陈氏自治会”、黄家渡的“庐江何氏仙祖宫”等地方，每天晚上都聚集着鼓浪屿的菜农和“以打鱼为生的农民和内海渔民”，还有“双桨工人、苦力、小贩、徒工、清洁工、佣人等”，他们陶醉在“出汉关”和“孤栖闷”等远古的旋律之中，这和白领阶层痴迷于肖邦、贝多芬乐曲的优雅与激情，并无二致。至今被海内外誉为南音艺术的经典——《泉南指谱重编》，就是当时鼓浪屿人林鸿（霁秋）先生所编写的。在这个浓郁的音乐文化氛围中，周淑安用闽南童谣《呵呵睏，一暝大一寸》，创作出优美的摇篮曲；斯特拉·闵加力夫人已经把中国乐器巧妙地接合到西洋管弦乐队进行演奏。

鼓浪屿同样是国内最早接受西洋绘画艺术熏陶的地方之一。早期的传教士在发送基督教小册子的同时，往往都会附赠一些“耶和华是牧羊人”、“西斯廷的圣母像”和“耶稣与十二门徒”之类的西洋名画的小画片，虽然当时的印刷还尚欠精美，但鼓浪屿人通过这些画片，还是了解到与中国传统画法截然不同的西洋画。因此上世纪 20 年代，当西方新潮画派（印象主义、后印象主义及表现主义）开始流行的时候，其理念与技法很快就被出洋学画的鼓浪屿人吸收到自己的创作之中。林克恭是林尔嘉之子，早年留学英国剑桥大学，其后又在伦敦大学斯雷德美术学院、法国裘里安美术学院和日内瓦美术学院学习绘画，回国后任厦门美专校长，创作了许多鼓浪屿题材的油画写生作品。周廷旭是鼓浪屿的名门子弟，1920 年代先后在波士顿美术博物馆美术学院、伦顿皇家美术学院和巴黎美术学院学习绘画，是第一位被聘为英国皇家艺术家协会会员的外国艺术家。[12]这两位鼓浪屿人堪称是中国油画艺术的先驱者。除此之外，鼓浪屿还养育了郭应麟、龚鼎铭、叶永年等一大批有成就的西洋画家。

不过，中国传统的书画艺术在鼓浪屿仍有深厚的社会基础，20 世纪二三十年代住在鼓浪屿的郑煦（雰林）、龚植（樵生）等著名中国画家的作品，无论中堂还是册页，都被视为珍璧；鼓浪屿也有施乾（健庵）等一批书法名家，画家龚植同时也擅书法，并精篆刻。鼓岛人家多以客厅悬挂他们的字画为时尚。1918 年前后越南归侨黄仲训甚至把70 多幅书法佳作镌刻在日光岩的巨岩上，成为公共租界时期中国人弘扬国粹的一大景观。1926 年华侨黄念亿建造中西合璧风格的"海天堂构"时，其门楼不但采用中国古典的重檐庑殿顶式样，还特意把吴昌硕、曾熙（农髯）和陶濬宣等国内名家最优秀的书法作品精刻入石，嵌在门廊，以展示主人对中华传统艺术的情有独钟。

美国出版的有关介绍鼓浪屿西洋画家周廷旭的著作

公共租界时期，西方体育和中国民间武术等健身活动在鼓浪屿也都很盛行。

教会学校历来并没有开设体育课程。1902 年，清政府推行所谓"新政"，颁布《钦定学堂章程》，规定各级新学堂都要开设体育课，因而近代西方的体育运动才开始发展。1908 年 10 月美国东方舰队访问厦门期间，共举办了足球、棒球投掷、网球双打、赛跑［包括 100 码赛跑、障碍赛跑、负重赛跑、搬土豆赛跑（Potato Race）等］、跑动跳远、跑动跳高、拔河、赛艇、拳击等一系列比赛。[13] 虽然所有比赛项目几乎全都由美国舰队的官兵包揽，但毕

英华中学的学生经常与外国人比赛足球

竟让鼓浪屿人大开了眼界。为了适应形势发展的需要，鼓浪屿的教会学校不得不顺应潮流，先后开设了体育课程。女子学校若干年后也迎头赶上。1926 年有个传教士说过："好几年前，厦门举办过一场运动会，没有一个女学生参加。去年秋天同样举办运动会，差不多每四个参赛者就有一个是来自（鼓浪屿）女子学校的学生"。[14] 随着体育运动越来越受到中国民众的自觉重视，有的学校还"增加军事操练，要求全体学生一个星期至少做 3 小时的体操"。同时各类学校的运动设施也逐渐有所改善。1935 年前后，教会在鼓浪屿办的几所学校都先后添置了篮球场、排球场和跳远跳高用的沙坑。特别是英华中学还开辟了一个标准的足球场 [15]，因此从那时起，足球便成为鼓浪屿民间的一个很受欢迎的运动项目。公共租界时期，造就了马约翰等一批体育名家，"英华"的足球和"毓德"的女子篮球，在闽南地区和东南亚一带都颇出风头。

在近代西方体育传入的同时，鼓浪屿的中国民间武术和其他传统健身活动也十分流行。当年老拳师林桃师曾经赤手空拳教训过骗卖苦力出洋的外国人贩子，通臂拳高手孙振环在洞天酒家几拳就将敢来寻衅的英国拳击家打倒在地，一时皆传为武林佳话。鼓浪屿素来流行闽南的五祖拳，其后还有传自河北沧州的通臂拳，公共租界时期，就有孙振环、“南伯”、黄维姜、何志华（又名石头）等人在家中设馆授徒。

[1] [英] 包罗:《厦门》，辑入何丙仲编译的《近代西人眼中的厦门》，厦门大学出版社，2009 年版。

[2] [3] [4] [9] 厦门市政协文史资料委员会编:《厦门的租界》，鹭江出版社，1990 年版。

[5] 厦门市志编纂委员会、《厦门海关志》编委会:《近代厦门社会经济概况》，第 353 页。鹭江出版社，1990 年版。

[6] 郑逸梅:《艺林散叶》，中华书局，1982 年版。

[7] 赵德馨:《黄奕住传》，湖南人民出版社，1998 年版。《厦门的租界》载为 1935 年停办。

[8] 周之德:《福民溯源小史》，载《福民校友堂落成纪念刊》。《厦门的租界》载其创办于 1925 年。

[10] 彭一万:《厦门音乐名家》，厦门大学出版社，2007 年版。

[11] Gerald F.De Jong, *The Reformed Church in China* 1842—1952, pp.220 ~ 221, Michigan, U.S.A., 1992。

[12] 郭易平:《鼓浪屿美术早熟的年代》，《厦门日报》，2006 年 8 月 20 日。

[13]《1908 年在厦接待及宴请美国舰队服务指南》，载何丙仲编译的《近代西人眼中的厦门》，厦门大学出版社版，2009 年版）

[14] [15] Gerald F.De Jong, *The Reformed Church in China* 1842—1952, pp.219 ~ 220, Michigan, U.S.A., 1992。

第十四章 多样化的社会生活

鼓浪屿真正的市政建设高潮是华人经济和文化开始有所发展的公共租界时期。当时由于近代化厦门港市的建设，吸引了更多的海外华侨回国。岛上现存的 1100 多幢近现代建筑绝大部分建于这段时期，70% 以上是旅居东南亚以及欧美、日本的华侨或漳、泉两地的富商所建，不少业主直接采用国外带回来的建筑图纸，甚至有些主要的建筑材料也从侨居国运进来。今天我们到岛上所看的，基本上是南洋华侨所建的“洋楼”。列为风貌建筑保护单位的那 308 幢建筑物或带花园的住宅，其外观绝大多数是以东南亚盛

公共租界时期，鼓浪屿大部分是华侨营造的建筑。

行的折中主义风格为主。他们把外国建筑的炫耀性和实用性，与闽南民居的传统风格很巧妙地结合起来，形成富有近代侨乡特色的建筑风貌。印尼华侨黄念亿所建的“海天堂构”由五座东南亚风格的大洋楼组成，其大门楼则仿效传统的重檐庑殿顶结构，中间那幢主楼的屋顶部分却采用我国古代重檐歇山顶的形式。类似风格的建筑还有内厝澳的吴氏宗祠等。公共租界时期华人的仿西洋风格或东南亚风格的建筑物，大多数都为二三层钢混结构（此前鼓浪屿的西洋建筑多数为砖木结构建筑），其正立面一般带有走廊或阳台，室内地板铺设花纹瓷砖；大部分别墅和私宅都建有高大富丽的门楼。与此同时，鼓浪屿的商业街道也随之建成，商住两用的建筑物沿街而起，龙头街一带除了经营日用百货、杂货和服务行业的小商店，还有银行、戏院、酒楼、旅社和菜市场，加上黄奕住开发的日兴街沿街两旁都有“骑楼”，已经成为南洋风味十足的商业街。而为数相对较少的外国人所建的公馆洋楼和残留下来的闽南古大厝，此时反而成为鼓浪屿近代建筑风貌的点缀品。

林遵行等创办的的鼓浪屿医院

因为公共租界时期鼓浪屿居民人口大量增加，医疗卫生的设置也相应增多。中西医并举也成了当时鼓浪屿的一个特色。

继 1898 年美国归正教会创办了救世医院之后，日本也在鼓浪屿开设一间博爱医院。博爱医院是日本以台湾总督府卫生课善邻会的名义，于 1918 年间开办，初名博爱会厦门医院。1935 年移至鹿礁路海滨的新院址，称博爱医院。该医院还附办医学专科学校，招收闽台两地学员。把西方先进的医疗技术移植过来，自己开业，为同胞服务，是早期中国学习西医的人的共同愿望。1931 年 10 月，林遵行等人倡办了私立鼓浪屿医院。筹备过程中，这所医院得到黄奕住、杨忠懿、许经权等鼓岛华侨的捐助。外科医生林遵行和妇产科医生林碧凤夫妇的医德医术当年在鼓浪屿可谓家喻户晓。与私立鼓浪屿医院同时在岛上开业的，还有陈晋惠开办的晋惠医院、台胞李永章创办的神州医院、台胞刘寿祺创办的以其名字为名的诊所和许葆栋开办的眼科诊所等中小型的医院和诊所。

与此同时，中国传统医疗技术也得到长足的发展，同一时期鼓浪屿开业的中医就有二三十位，他们各有专长，医术、医德有口皆碑，李家祺、黄思藻、谢宝三和郑意澄当时被誉为鼓浪屿四大中医，此外还有擅治疑难杂症的高春泽，精于小儿科的“先生妈”叶豆仔，专工内外科的黄谷本、方织云、杨抱川，擅用青草药的陈焕章，疯伤骨科的杨捷玉、黄唯姜、何志华等。仅中药店就有源安居、德安堂、益寿堂、龙华堂、六安斋、寿安堂、平民药店等十几间。[1]

1878 年，鼓浪屿虽然已经出版有两份报刊，一份叫《厦门公报与航运报》(The Amoy Gazette)，每日出版；另一份叫 Waffle’s Bi-monthly (按：意译为《闲话双月刊》[2]，内容全是外文。公共租

1902年在鼓浪屿出版的《鹭江报》

界时期，先有 1902 年英国牧师山雅各（James Sadler）创办的中文报刊《鹭江报》，继而有华侨李硕果等人创办的《民钟报》，巴金、冰心等名家都曾在《民钟报》发表文章，鲁迅先生关怀和帮助厦门大学青年学生出版的《鼓浪周刊》，就是附在该报发刊的。此外，鼓浪屿还有《道南报》、《先驱半月刊》等一批报刊和出版物，不过，多数为教会所办。

1925年创办的鼓浪屿中山图书馆

1875 年，德国人巴德热（H.Budler）曾在厦门旧城区创办一间名为“博闻书院”的公共阅览室，但 1881 年就停办。[3] 时至 1919 年厦门才创办了第一座图书馆。公共租界时期，工部局并没有考虑设立为鼓浪屿民众服务的图书馆。辛亥革命前后，鼓浪屿只有一两个简陋的阅报社而已。1925 年，在许卓然、李汉青等鼓浪屿人的赞助下，私立鼓浪屿图书馆正式成立，第二年该馆改名为鼓浪屿中山图书馆。这所图书馆得到黄奕住、李清泉、杨忠信等华侨人士的赠书和捐款赞助，藏书量达三万多册，现期报刊三百余种，凡当时出版的大部头丛书，如二十四史、《四部丛刊》以及各省通志等应有尽有，成为这个华洋杂处的社会环境中宣扬中国传统文化的重要阵地。

在鼓浪屿这个小岛上，因为绝大多数的鼓浪屿居民都来自东南亚诸国和漳、泉各地，原先都是闽南人，因此闽南话便成了日常交流的语言。不少外国传教士根本不懂得中国文字，却通过学习“闽南白话字”，居然能讲得一口道地的闽南方言。“闽南白话字”

还可以用来书面交流，认读《圣经》。当然，读出来是纯粹的闽南话。早在明末清初，欧洲的耶稣教传教士就发明这种用拉丁字母拼读方言的“新港文字”，到台湾的高山族聚居的地方传教。近代早期到厦门的传教士重拾衣钵，采用 17 个英文字母，编成 23 个音符字母，就可以拼读出闽南话，并用这种“闽南白话字”把它记录下来。“闽南白话字”很容易掌握，一个目不识丁者学了三个月就可以用它来读或写。教会学校一般都设有“闽南白话字”课程。外国传教士先后编有汉英厦门方言字典多部，第一部是美国牧师罗啻 (Eilph Doty) 的《英汉厦门方言罗马注音手册》；影响最大的是英国传教士杜嘉德 (Carstairs Douglas) 的《厦英大辞典》，共收录闽南方言 4 万余言。20 世纪 30 年代，作家王鲁彦在鼓浪屿看到老媪们个个都捧着“英文书”，很惊讶地把这件事写进他那本名为《厦门印象》的游记里。其实她们手里拿的就是这种“闽南白话字”的《圣经》。

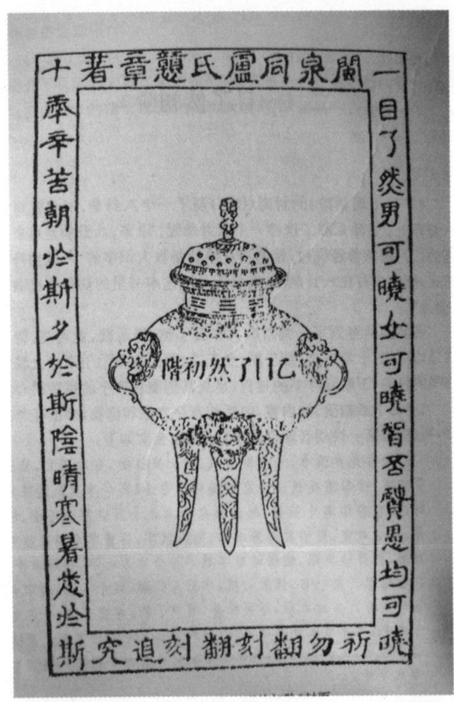

卢戆章《一目了然初阶》第一版的封面

“闽南白话字”可以说是中西文化交融的典型产物。除了基督教的书籍之外，后来还用“闽南白话字”在厦门编印过《地理头绪》、《天文地理略解》和《锻炼婴仔好的习惯》等科普性的读物。尽管“闽南白话字”是为基督教传播服务的，但它对当地的文化发展客观

在公共租界里，鼓浪屿人照旧在兴贤宫前迎神赛会。

上还是起到一定的作用。被誉为中华新文字改革先驱者的卢戆章，就是从“闽南白话字”的推广得到了启迪。“闽南白话字”这批字典大多数编于鼓浪屿，现都收藏在英国的大不列颠博物馆。

闽南大地古来就是一个产生多神崇拜的地方。因而，近代基督教很快就在鼓浪屿和厦门得到发展。鼓浪屿还成了19世纪后半叶以后，英美基督教“三公会”在闽南传教的中心。但我们不能因为这样，就认为基督教在鼓浪屿占有优势。事实上，除了一部分没有任何宗教信仰的人之外，真正信仰基督教和天主教的鼓浪屿人并不见得比信仰佛教和崇拜吴真人等神明的信众多。

公共租界时期，天主教堂、安息日会礼拜堂和

鼓浪屿人在福音堂举办婚礼

华人主持的基督教的三一堂、福音堂、讲道堂以及各种各样的聚会所，和佛教的闽南名刹日光岩寺、崇拜吴真人的兴贤宫、种德宫以及大大小小的民间信仰宫庙，都能够和平共处，各行其道。林尔嘉、黄奕住、黄仲训等社会名流都不是基督教徒。一代高僧弘一法师在日光岩寺讲经说法，一时称盛。宋尚节牧师在福音堂布道宣传福音，也一样听众环堵。1918 年前后，华侨黄仲训围占日光岩建造别墅，与住持清智和尚发生纠纷。结果引起鼓浪屿劳动阶层民众的强烈不满。这些群众平时都是清智和尚的俗信弟子，他们不但上街张贴揭帖，编歌谣指责，同时还采取断水、断食品的实际行动，逼使黄仲训作出让步。这说明，在鼓浪屿的民间社会，信仰佛教或各种神明的人还是比较多的。

鼓浪屿人无论信仰什么，毫无例外，一年到头最热闹的共同节日依然是春节、清明节和中秋节等传统佳节。只不过基督徒和天主教徒多了一个平安夜和圣诞节。每逢平安夜，教徒们都会成群结队、穿街走巷，吟唱《圣诗》“报佳音”。家庭成员有不同信仰的人家，碰巧圣诞节那天又是农历某神明或某祖宗的祭日，那就中西合璧，更加热闹了。每年农历七月的“普渡”(盂兰盆节)，是厦门、鼓浪屿民间普遍盛行的民俗活动。岛上自动分角落轮流过“普渡”，宴请亲朋好友。农历七月整整一个月，到处烹羊杀鸡，鞭炮之声不绝于耳，“家家扶得醉人归”。此外，每年八月十五民间的中秋博饼民俗活动，无论是基督教徒还是佛教徒，只要是亲朋好友都会聚在一起赏月、掷骰子，其乐融融。民间信仰和民俗活动的兴盛，实际上淡化了各种宗教之间的摩擦。

就民风民俗而言，最能体现多元文化特色的还是鼓浪屿人的丧葬仪式。此时，基督教徒则采用西式的出殡仪式，由“棺材牧师”主持。牧师追思祷告以后，众人列队出发。前头由用铁树叶子或鲜花装饰的丧钟开道，丧家穿黑色丧服，一派肃穆。西乐队的乐师们穿着或黑或白的仪仗队制服，一路军鼓渊渊，间以萨克斯管、英国小号和巴松管吹奏贝多芬的《悲怆奏鸣曲》、海顿《可爱的家》等等西洋名曲；而佛教徒或世俗人家一般都会按照传统的丧葬礼仪，由耆老主持，前以

鼓浪屿的老先生在品尝西式糕点

旗幡开路，一路丝竹和锣鼓之声响个不停，丧家披麻戴孝，恪守古代《礼记》的缞麻制度，亲疏辈份一丝不苟，供路人指指点点。这时，中乐队穿着孔雀蓝色的小褂等清代服饰，“细吹”以南音的指谱套曲，“大板吹”则用福建水师提督衙门的军乐队吹过的号筒吹奏《施将军得胜乐》等传统乐曲。出殡队伍半途还得停下来，请有身份或有声望的人给死者的神主牌“点主”，这个时候鼓乐大作，仪式进入高潮。大部分有钱的丧家只图排场，中西乐队全包，结果一路上中外名曲交相演奏，胜似一场露天的交响音乐会。

鼓浪屿的居民原来基本上就是由各方的移民组成的，沦为公共租界之时，列强势力别有用心地借

黄奕住宴请中外宾客

口采用国外的惯例，在1936年施行《鼓浪屿公共地界保甲条例》之前，中外人士均可自由进出或居住。因而，鼓浪屿的社会秩序并不像所说的“世外桃源”那样平静。众所周知，鼓浪屿既是帝国主义侵略中国的桥头堡，同时也是洋人和冒险家的“天堂”。在这个小小的岛屿上，各式各样为外国人和买办们提供的俱乐部和酒吧、舞厅、旅社可谓星罗棋布。最有名的万国俱乐部是当年岛内规模最大、设备最完善的洋人俱乐部，领事和洋行大班在这里交流信息，互换情报，策划走私鸦片等勾当，而日本人和日籍台湾浪人开设的盐田等几家旅社则是众所周知的妓女院。1919年蒋介石在鼓浪屿短住，就曾在这里“逐色”过。这个花天酒地又乌烟瘴气的环境，自然又是军阀和土匪的“安乐窝”，陈国辉、张毅等闽南著名土匪都在鼓浪屿建有私宅。一些辛亥革命后的失意官僚，如福建督军孙道仁等人也在这里韬晦、养老。当然，这个特殊的环境，也为孙中山先生领导下的民主革命和早期中国共产党的地下革命活动提供了有利的条件，1915年，民主革命家林祖密在鼓浪屿成立“中华革命党福建支部”，组织“护国军”以讨伐袁世凯。1926年以后，罗扬才等共产党员也在鼓浪屿开展过地下活动。1930年，中共福建省委机关就设在鼓浪屿，中共福建省第一、二次党代会也在这里召开。

公共租界时期工部局不断增加警力，目的仅在于维护列强势力自身的殖民统治，对中国人内部的事则睁一眼闭一眼。表面上，岛上并不存在着封建社会的“豪门大户”那种残渣余孽，每个人都凭借着“自身的素质与能力”生存着[4]。无形当中，鼓浪屿既是接纳各路精英，形成中西文化交融、社会生活多样化的地方，同时也是一个藏污纳垢之处。公共租界时期，“家族自治会”等地方势力林立，“惠鸣社”、“廿四猛”等角头好汉成天寻衅斗殴，加上日籍台湾浪人在背后挑唆，社会秩序甚为混乱。

蓄婢和虐婢是封建社会残存的一种恶习。“五四”运动以后，全国各地反帝反封建的斗争风起云涌，厦、鼓的这种虐婢现象才引起了社会的关注。1929 年，许春草和张圣才等鼓浪屿人冲破工部局的阻挠和干预，发起创办了“中国婢女救拔团”。许春草出身于建筑工人，1907 年加入同盟会，投身于孙中山先生领导的民主革命。当年养婢虐婢的都是当地一些有钱有势的封建余孽，许春草得到群众的支持和社会的捐助，不畏强暴，前后解救了两百多名婢女于水深火热之中。工商业家卓全成还为这些婢女提供生产自救的出路。1938 年厦门沦陷后，“中国婢女救拔团”，由鼓浪屿国际救济会接手维持，还继续接纳个别受虐婢女。当时国际联盟组织的考察团曾把鼓浪屿这个“中国婢女救拔团”的事迹，披露于《东方妇女解放运动专刊》[5]，引起国际社会的瞩目。日军侵占鼓浪屿后，婢女救拔团被迫解散。当时还有三四十名婢女无家可归，最后只好由厦、鼓的教会人士分散安置。

[1] 陈全忠：《鼓浪屿中医人物传》，鼓浪屿政协文史委编：《鼓浪屿文史资料》第一、二、三辑连载。

[2] [英] 翟理思《鼓浪屿简史》，辑入何丙仲编译的《近代西人眼中的厦门》，厦门大学出版社，2009 年版。

[3] 厦门市志编纂委员会、《厦门海关志》编委会：《近代厦门社会经济概况》，第 282 页。鹭江出版社，1990 年版。

[4] 牛何之：《鼓浪屿：死去还是活着》，厦门市闽南文化研究会编：《闽南文化研究》，2008 年 4 月，第 14 辑。

[5] 何丙仲：《民主革命志士许春草先生传略》，载《鼓浪屿文史资料》第二辑。

第十五章

鼓浪屿人民的抗争与公共租界的终结

《鼓浪屿公共地界章程》签订后，消息传开，“举国骇然，报界讥评，书不绝书”，民众纷纷抨击清政府的卖国行为。厦门当地的社会舆论更是表示强烈的不满，《鹭江报》发表题为《论鼓浪屿充作万国公地之关系》的文章，揭露美国划定公共租界的阴谋，指出：“某国借我军饷万金，假以市义，……游说于我政府，迫我签订此约，政府惑之，其议遂成。”[1]《华美报》也指出，把鼓浪屿划为公共租界，实际上“凡裁判权、警察权、赋税权一并归让”[2]，严重损害了中国的主权。当地的士绅也提出“力争主权”的口号。

从鼓浪屿沦为公共租界的第一天开始，中国人从自发到有组织地反抗殖民统治的斗争就没有停止过。1903年7月28日，鼓浪屿刚沦为公共租界不久，群众就与工部局的洋巡捕发生冲突。这一天，是闽南民间尊神“大道公”迎神赛会的好日子，岛上居民聚集在兴贤宫（原址现为马约翰广场）拜神、演戏，工部局借口未经许可不得聚会演戏，遂由巡捕长带领印度巡捕赶到现场，用武力驱散老百姓，还抓走两名戏班艺员。群众大为愤怒，用石头砖块予以迎头痛击。[3] 1904年1月，由于工部局印度巡捕仗势欺负中国人，而上岸的英国水兵又充当其帮凶，因而鼓浪屿人愤而包围工部局，要求惩办打人凶手。1905年爆发了全国性的“反美拒约”爱国运动，鼓浪屿人即以实际行动积极响应，台湾现任国民党名誉主席连战的祖父连横先生时居鼓浪屿，也积极投入这场斗争行动，而且是厦门“拒美”运动的领导人之一，在这场斗争中，爱国的鼓浪屿人扯掉美国领事馆的星条旗，以示抗议。

鼓浪屿人第一次有组织的反抗斗争，是发生于1922年的抗税运动。从一开始工部局向岛内华人征收的各种租税不但有增无减，还增辟自行车牌照税、猪牌照税、店铺牌照费等苛捐杂税，这些税收收入大部分用于洋人的福利设施方面。当时“租税之重，以鼓浪屿为最”，岛上的小商小贩和中小工商业者不堪其苦，为了生存在商业研究会的发动下，联合码头工人、驳船工人以及学界、报界，采取行动进行抗税，和记码头的搬运工也拒绝起卸货物。斗争坚持到年底，终于迫使和记洋行的大班斯美士（J.E.Smith）辞去工部局董事长的职务，工部局放弃征收“店铺牌照费”，并且答应减少工程费用的开支。当时工部局的巡捕长黎德（H.C.Reed）说：这是一件最严重的蔑视工部局权力的事件。[4]

20世纪20年代，尤其是1926年厦门成立中国共产党第一个党支部以后，鼓浪屿人民的反抗斗争更为激烈。1925年5月，“五卅惨案”发生后，在中国共产党领导下，全国各地举行声势浩大的反帝爱国运动。6月6日，鼓浪屿英华中学、毓德女中、美华学校的爱国学生走出校门，渡海到厦门参加全市大游行，愤怒的学生沿途高呼：“打倒帝国主义！”“收回租界！”等爱国口号。6月25日，“厦门大学学生外交后援会”、“厦门学生联合会”的学生来到鼓浪屿演讲，继续进行爱国的反帝斗争。事前，英国领事得知情况，急忙请求漳厦海军警备司令林国赓调派中方警察赶到鼓浪屿，代替巡捕站岗，避免了正面的冲突。鼓浪屿人民通过合理合法的斗争，展现出强大的爱国力量，列强势力不得不答应修改《章程》、增加工部局的华董名额，并把英华、毓德这两所教会学校校长的职位让给中国人。

鼓浪屿虎巷8号，是1930年中共福建省委机关所在地。

1927年鼓浪屿大北电报局的中国员工为改善待遇、提高工资，在中共地下组织领导人罗扬才的支持下，举行罢工。这次罢工运动坚持了10个月，由于外国资本家勾结漳厦警备司令部的破坏，最后虽然没有取得胜利，但显示了中国人民不可欺侮的意志。此后，鼓浪屿华民公会多次提出修改《章程》，要求撤销工部局，把市政管理机关收归本屿人民。但在半封建半殖民地的旧中国，收回鼓浪屿的要求，实际上有很大的难度。

1930年代，中共福建省第一次、第二次党代会在公共租界特殊环境的掩护下，先后在鼓浪屿胜利地召开，中共福建省委机关、省军委机关就设在鼓浪屿的寻常巷陌里。中国共产党领导下的这些斗争，打击了列强势力对鼓浪屿的统治，在我国人民反帝爱国斗争的历史上，留下了光辉的一页。

1937年7月，抗日战争爆发。1938年5月13日，侵厦日军攻陷厦门，厦门难民像潮水般地涌进鼓浪屿避难，岛上的人口猛增至六七万人，最多时竟超过十万人。鼓浪屿的中小学生主动停课，腾出教室收容难民。面对着日本法西斯强盗的张牙舞爪，中外人士真诚地携起手来，成立鼓浪屿国际救济会，由美国归正教会牧师卜显理担任（Henry Poppen.）主席，丁锡荣（中）任副主席，洪朝焕（中）、巴世凯（英）、毛侯士（荷）、董鸣皋（中）、夏礼文（美）、李乐白（英）和沈省愚（中）任各股股长，同时委

外国友人所办的鼓浪屿难童学校

托淘化大同和兆和两家罐头食品公司每日免费为难民施粥，并将八卦楼、西林别墅甚至教堂和私人住宅都尽量腾出来安置难民，还在黄家渡一带搭盖了数十座简易竹篷厝，以做临时的收容所。在英华中学任教的英国人胜安得（Peter Andersan）夫妇等外籍人士还开办临时学校，收容无家可归的难童。鼓浪屿本来就是个以消费为主的地方，日军对鼓岛实行严密封锁之后，数以万计的难民嗷嗷待毙，悲惨至极。鼓浪屿国际救济会急速向国内外发出求援电报。新加坡福建会馆、菲律宾中华商会甚至远至南美洲秘鲁的垄川妇女赈灾会的爱国华侨都纷纷响应，火速募集到巨款，购米运鼓以赈济难民。国难当头，鼓浪屿人团结一致，表现出急公好义的精神。

相比之下，平时骄横跋扈的工部局在日本法西斯面前，不但毫无作为，而且一再妥协退让。1939 年 5 月 11 日，侵厦日军以厦门伪商会主席洪立勋在鼓浪屿租界被暗杀为借口，派遣武装士兵强行登陆。英、美、法三国随即提出抗议，同时也派出军舰到鼓浪屿海面待命。但在与日本驻厦总领事内田谈判撤军条件时，由于日本以封锁鼓浪屿和漳州、厦门的水陆交通，断绝岛民的粮食及日用品来源进行要挟，并且故意指使日台浪人在鼓浪屿横行霸道，为非作歹，色厉内荏的工部局最后终于屈服退让，双方签订了《鼓浪屿租界协定》、《取缔反日行动协定》和《执行反日行动之取缔协定》。根据协定，日本总领事馆的警察署大肆在鼓浪屿搜查各教会学校、书店甚至私宅，随意抓捕中国人，并对岛上的华洋商号实施登记，强迫纳税。与此同时，日台浪人和汉奸也趁机兴风作浪。

在鼓浪屿沦陷的前夕，工部局已增加了大量的“日台巡捕”。1940 年 12 月，日本驻厦总领事馆还擅自在公共租界的康泰垵增设“出张所”，1941 年 2 月，日本又向英、美势力施加压力，让白俄人胡锡基（A.G.Olkhovsky，按：当时胡氏已登报声明恢复苏联

厦门沦陷时期的鼓浪屿难民营

国籍）递补为工部局秘书长兼巡捕长（局长），日本人福田繁一为副秘书长（副局长），进一步攫取工部局的实权。工部局至此，已形同虚设，日本驻厦总领事成了鼓浪屿租界的实际统治者。

1941年12月8日，太平洋战争爆发。同日，日本海军陆战队分三路从龙头、田尾和内厝澳侵入鼓浪屿。日军登陆后，立即闯入预先定点的机关、学校和欧美籍外国人的住宅，进行全面搜查。把各机关、学校的人员和外国人集中到博爱医院，宣布大东亚圣战开始，日本对英、美、荷兰宣战，一切敌对国的人员都成为俘虏。与此同时，日本侵略者着手对鼓浪屿工部局的机构进行改组，成立工部局新的董事会，没有一个英、美籍的董事。至此，鼓浪屿成为沦陷区，工部局也完全变成日记工部局。

同一天，日本侵略者突然发现会审公堂竟然还飘扬着中国国旗。日军立刻把会审公堂包围起来。会审公堂的最后一任委员罗忠谌据理力争，他认为中日并无正式宣战，这是日本不宣而对华侵略，会审公堂根据国际公法有悬挂本国国旗的权利。日军蛮不讲理，二话不说立即把罗忠谌逮捕起来。罗忠谌虽然一向平庸无

1938年5月13日，厦门沦陷的当天，日军涌进日本驻厦领事馆。

作为，但在关键时刻，还是表现出中国人应有的骨气。

抗战期间，遭受日寇逮捕的鼓浪屿人在日本领事馆地下监牢刻写的抗日标语。

1942 年 10 月，出于加强盟国团结的需要，美、英两国正式向中国国民政府提议，签署中美、中英有关废除治外法权、交还在华租界的新条约，参加反法西斯阵营的比利时等国家也相继与中国政府订立相同性质的条约。这些条约庄严地向全世界宣告，鼓浪屿作为公共租界的历史即将结束。[5] 与此同时，日本侵略者为强化汪伪政权、"拂拭"中国人民的抗日意识[6]，也调整对华的政策，其内容包括归还租界、撤废治外法权等。1943 年 1 月 9 日，日本与汪伪政权订立所谓《日华关于交还租界及撤废治外法权之协定》，根据这一协定，日本允许汪伪政府尽快"收回"厦门的公共租界。同年 5 月 28 日，南京汪伪政府根据协议，"收回"鼓浪屿公共租界。鼓浪屿从"万国租界"转身变成日军占领下的沦陷区。

1945 年秋，世界反法西斯战争胜利结束，日本帝国主义无条件投降。11 月 24 日，国民政府外交部正式公布《接收租界及北平使馆的办法》，其内容包括规定鼓浪屿公共租界的收回，根据中国与英、美、比、挪威、加拿大、瑞典、荷兰等国分别订立的平等新约来办理。[7] 这一办法公布后，厦门市政当局立即正式接收了鼓浪屿的租界，并成立鼓浪屿区公所，直接把它并入厦门市政府的辖区。第二年 2 月，中国政府又与当时法国的临时政府订立条约，追认中国政府对鼓浪屿公共租界的收回，继而，丹麦、葡萄牙等国家也在与中国政府订立的双边条约中宣布"概行放弃"其在鼓浪屿公共租界享有或如有的任何特权。[8] 至此，中国政府完成了收回鼓浪屿公共租界的所有法律程序。

至此，鼓浪屿结束了42年的公共租界历史，重归祖国的怀抱。

[1]《鹭江报》第18册。转引自陈孔立:《厦门史话》，上海人民出版社，1978年版。

[2]《华美报》第67册，第17页。转引自陈孔立:《厦门史话》，上海人民出版社，1978年版。

[3] 余丰、张镇世、曾世钦:《帝国主义对鼓浪屿的殖民统治》，载政协厦门市文史委编:《厦门的租界》，鹭江出版社，1990年版。

[4]《工部局1922年局务报告书》。

[5] [8] 费成康:《中国租界史》，上海社会科学院出版社，1991年版。

[6] [日] 植田捷雄:《有关中国交还租界、撤废治外法权》，龙文书局，1944年版。转引自何其颖《公共租界鼓浪屿与近代厦门的发展》，福建人民出版社，2006年版。

[7]《大公报》1945年12月13日，转引自何其颖《公共租界鼓浪屿与近代厦门的发展》，福建人民出版社，2006年版。

[附 录]

近代来厦外国人名中英文索引

A

阿查立 Chaloner Alabaster，1878 年厦门共济会组合早期成员。

阿滴嘎 Senor Don C. de Morejon，1873—1876 年西班牙驻厦门领事。

阿理嗣 J. A. Van Aalst，比利时人，1903 年至 1904 年任厦门海关税务司。

阿礼国 Rutherford Alcock，1845 年 3 月至 1845 年任英国驻厦门领事。

阿厘化 F. F. Elwell，旅华美国商人，1879 年兼瑞挪联盟驻厦门副领事。

爱伯格 Von Aichberger，1879—1886 年德国驻厦门领事，管辖福建。

爱恩斯利埃 D. H. Ainslie，英国人，厦门海关医官、厦门济世医院院长，1913 年鼓浪屿工部局董事会董事。

艾谔风 Gustav Ecke，又名艾克，德国汉学家，1923 年来华，在厦门大学任教。著有《泉州东西塔》。

安文 F. S. Unwin，英国人，1896 年 3 月至 5 月，暂行代理任厦门海关税务司。

安达仁 L. F. Untalan，菲律宾人，1948年菲律宾驻厦门领事馆书记。

安理纯 Ben J. Anderson，美国安息日会牧师，美籍丹麦人，1906年至1949年在鼓浪屿传道。

安立得 Julian Arnold，1908—1908年美国驻厦门领事。光绪三十四年（1908）五月接任。

安得森 George E. Anderson，1905—1906年美国驻厦门领事。

安德森 L. J. C. Anderson，英商汇丰银行大班，1924年后为鼓浪屿工部局董事会总董、董事。

安德森 T. C. Anderson，英商汇丰银行大班，1914年鼓浪屿工部局董事会董事。

奥尔 R. B. Orr，1920年鼓浪屿工部局董事会董事，时任职英商和记洋行。

奥尔 William Snell Orr，英商和记洋行大班，1903年鼓浪屿工部局第一任董事会董事。

B

巴德 J. Porter，1865年4月至12月代理厦门海关税务司。

巴加 William Parker，1842年8月侵略厦门的英军舰队司令。

巴茅 G. F. Barbour，一称巴茆博士，英国人，鼓浪屿英华书院早期创办人。

巴尔 William Randal McDonnell Parr，英国人，1910年至1912年任厦门海关税务司，1912年鼓浪屿工部局董事会董事。

巴阿美 John Parker，英国伦敦差会传教士，1890年创办漳州福音医院。

巴地臣 John Paterson，1867—1869年荷兰驻厦门副领事，

1873—1874 年任领事。

巴尔纳尔德 L. T. Barnard，英美烟草公司经理，1920 年鼓浪屿工部局董事会董事。

巴世凯 G. R. Bass，英国人，1923 年后长期任鼓浪屿工部局秘书助理兼总巡捕长助理，以及工部局秘书兼总巡捕长。

巴拉克 R. W. Black，厦门大船坞经理，1917 年鼓浪屿工部局董事会总董。

巴瑟斯特 H. Bathurst，又作巴特胡尔斯特，1912 年起历任鼓浪屿工部局董事会董事、总董。

巴詹声 A. Burlingame Johnson，1897—1901 年美国驻厦领事。

巴字乐 C. F. Brissel，1911—1916 年美国驻厦门领事。宣统三年（1911）二月接任。

巴夏礼 Harry Smith Parkes，1845 年 3 月英国驻厦领事馆翻译员，1854—1858 年英国驻厦门领事。

巴仕楠 Charles Julius Pasedag，1864—1866 年德国驻厦门领事（代表布鲁斯、汉诺威、威伯和鄂尔敦堡），1874—1883 年荷兰驻厦门领事。

琶德克 Harry L. Paddock，一作芭德克，1906—1906 年美国驻厦门领事。

白齐文（1836—1865）Henry Andrea Burgevine，原为英国人，后入籍美国，来华为太平军洋枪队军官，逃至厦门受害。

白舒服 D. E. Fuithful，1947 年任英国驻厦副领事。

白亚施 Daisy Pearce，大英长老会传教士，1946 年来厦活动。

白懿满 Edmund Pye，英商怡记洋行商人，1872—1882 年法国驻厦门副领事，兼丹麦驻厦门领事。

白瑜纯 Benjamin L. Paton，大英长老会传教士，泉州惠世医院第二任院长。

贝克尔 Edward Carleton Baker，一作白克尔，1907—1908

年美国驻厦门领事。

班谟 J. L. E. Palm，英国人，1888 年至 1889 年任厦门海关税务司。

包罗 C. A. V. Bowra，英国人，1905—1909 年任厦门海关税务司。

胞诅 Bourchier，1842 年 8 月侵厦英舰“布朗底”号的舰长。

俾列利查士威林 C. W. Bradley，一作布莱德雷，1849—1854 年美国驻厦门领事。

庇特森 H. A. Peterson，旅华英商，1872 年前来华，1875—1885 年兼丹麦驻厦门领事。

毕德 L. B. Peet，美国归正教会传教士，1846—1847 年在厦门活动。

璧洛 Edward Bedler，1890—1893 年美国驻厦门领事（兼管台湾）。

璧斯玛 C. Von Bismarck，1877—1879 年德国驻厦门领事，管辖福建。

弼素乐 F. L. Bessell，英国人，1925 年至 1926 年任厦门海关税务司。

边阿兰 A. W. Bain，1878 年厦门共济会组合早期成员，是最早在鼓浪屿弹奏管风琴的外国人。

宾为霖 William C. Burns，一作宾惠廉、宾威廉，大英长老会早期来华传教士，1851—1854 年在厦门活动。

博龙德 R. Blondeau，1939—1941 年法国驻厦门领事。

勃德纳 John Risley Putnam，1926—1927 年美国驻厦门领事。民国十五年（1926）五月接任。

波文 M. M. Bowen，美丰银行经理，1925 年鼓浪屿工部局董事会董事。

波罗满 William J. Pohlman，美国归正教会传教士，1844—

1849 年在厦门活动。

波义多 T. D. Boyd，一作包义德，1878 年厦门共济会组合早期成员。

伯荣里埃 A. Brownlie，1912 年鼓浪屿工部局巡捕、代理巡捕长和秘书。

柏思 C. Bos，意大利人，1933 年任厦门海关税务司。

柏灵雅 Don Jose de Perignat，1891—1895 年西班牙驻厦门领事，兼葡萄牙驻厦门领事。

柏威林 William Henry Pedder，1862—1866 年英国领事兼德国驻厦门领事（代表北德意志公会），1874—1880 年兼奥匈驻厦门领事。

柏卓安 Mcleavy J. Brown，英国人，1882 年至 1888 年任厦门海关税务司。

布恩 T. L. McBride(麦克布赖德)，美国长老会传教士，1842 年 6 月至 12 月在厦门活动。

布鲁斯 R. H. Bruce，英国商人，创办厦门大船坞的董事。1897 年 9 月兼夏威夷驻厦门首任领事。

布茂林 Charles Budd，英国伦敦差会传教士，1883 年到漳平活动。

布荣菲尔德 J. L. Bromfield，英商德记洋行大班，1925—1926 年鼓浪屿工部局董事会董事。

布鲁文 Hugh A. Brown(布朗)，美国长老会传教士，1845—1847 年在厦门活动。

卜屡克 F. Bloke，英国人，1946 年入厦任太古洋行经理。

卜显理 Henry Poppen，美国归正教会传教士，抗战期间厦门沦陷，任鼓浪屿国际救济会主席。

C

赤场 S. N. Akaba，日商台湾银行支店长，1903 年鼓浪屿工部局第一任董事会董事。

川口庄松 Kawaguchi Shomatsu，日本人，鼓浪屿博爱医馆院长，兼鼓浪屿厦门日本居留民会议员，1926—1928 年鼓浪屿工部局董事会董事。

仇洛纪 J. Javrotsky，俄国人，1929 年 10 月厦门海关署副税务司。

陈士威廉 W. P. Jones，1866—1867 年美国驻厦门领事。

D

打马字 John Van Nest Talmage，一称打马字 · 约翰，美国归正教会传教士，1847—1892 年（一说在厦 42 年，）在厦门活动，创办鼓浪屿田尾妇学堂、竹树脚礼拜堂，并编辑《厦门音的字典》。

德滴 James Tait，旅华英商，1845 年在厦门开设德记洋行(Messrs. Tait & Co.)，先后兼任西班牙、葡萄牙、法国和荷兰驻厦领事。

德贞 John Hepburn Dudgeon，一作德约翰，英国伦敦差会医疗传教士，创办“厦门戒缠足会”。

德茂勒 Charles E. Temlett，英国人，1947 年厦门海关职员。

戴维斯 V. W. Davis，1924 年鼓浪屿工部局董事会董事，时任职于美孚石油公司。

戴扬安 Anna R. De Young，美国人，1946—1951 年鼓浪屿救世医馆护士。

戴雍安 Miss. Anne De Young（安妮·杨姑娘），1945—1951

于鼓浪屿救世医院为注册护士。

狄克 Hassel H. Dick，1934—1939年美国驻厦门领事。民国二十三年（1934）二月接任。

棣赞美 E. D. Davis，大英长老会女传教士，1911—1914年任鼓浪屿怀仁女子学校主理。

窦尔慈 Berthold George Tours，1909—1910年英国驻厦门领事，兼葡萄牙、奥匈驻厦门领事。1921—1922年为驻厦领事团的领袖领事。

兜满 John James Dunne，又作笪满，英国商人。1897—1903年兼任法国、丹麦和葡萄牙驻厦门的代理领事、署理领事和领事，1903年为英商义和洋行大班，鼓浪屿工部局第一任董事会董事。

杜嘉德 Carstairs Douglas，大英长老会传教士，1855—1877年在厦门传教。1873年由伦敦出版《厦英大辞典》或称《厦门音汉英大辞典》，为第一部闽南白话字华英辞典。

杜理芳 A. Doire，1910年法国驻厦门署理领事，宣统二年（1910）二月接任。

杜育方 J. E. N. Aidu，危地马力人，厦门圣约瑟医馆护士。

铎博赉 R. M. Tallbot，美国人，1936年至1938年任厦门海关税务司。

E

额必廉 Pierce Essex O'Brien-Butler，1906—1908年英国驻厦门领事，兼葡萄牙、奥匈驻厦门领事。

F

法时敏 H. Von Varchmin，1893—1895年德国驻厦门领

事，1894—1895 年署荷兰驻厦门总领事（管辖华南、香港和澳门）。

法德耶夫 N. N. Fadeyeff，白俄。1925 年鼓浪屿工部局助理巡捕长。

范嘉士 Francis Cass，旅华洋商，1887—1890 年美国驻厦门领事（兼管台湾），1891.6—1902.3 年兼比利时驻厦门领事。

樊德礼 Ch. Feindel，1889—1897 年德国驻厦门领事，管辖福建和台湾。

费妥玛 T. T. H. Ferguson，荷兰人，1913 年至 1915 年任厦门海关税务司。

费思洛 John H. Fesler，1901—1905 年美国驻厦门领事。

费慈默 (1887—1960) Nicholas Fitzmaurice，1938—1941 年英国驻厦门总领事。(1939 年 4 月 3 日升格为总领事馆)

费立思 Wm. E. S. Fales，美国驻厦副领事，1892—1894 年兼法国驻厦门代领事。

非拉日栋 Tiburcio Faraldo，一作法乐德，西班牙领事，1869—1872 年兼法国驻厦门领事。

裴美珠 Margaret Fraser，俗称黎德渊牧师娘，大英长老会女传教士，怀仁小学校董会董事。

冯维克 J. S. Fenwick，英商和记洋行大班，1912 年鼓浪屿工部局董事会董事。

福格 A. J. M. Fauque，法国电报人员，1904 年兼任法国驻厦门领事。

福贝士 A. H. Forbes，英国人，1933 年至 1934 年任厦门海关税务司。

福兰格 Otto Franke，又名福兰阁、傅兰克，汉学家。[1895—1901 年间一度任领事]

福懿慕 Tena Holkeboer，俗称福姑娘，美国归正教会女传教士，鼓浪屿私立毓德女子中学主理，1920—1948 在该校服务 28

年。

福罗秘车利 Z. Volpicelli，1902 年 7 月任意大利驻厦门首任领事。

佛来遮 william John Bainbridge Fletcher，一名佛来蔗，1912 年起任英国驻厦门领事。

佛德 S. R. Ford，1923 年鼓浪屿工部局董事会副总董，时任职英商德记洋行。

佛礼赐 R. J. Forrest，1881—1893 年英国驻厦门领事，兼奥匈驻厦门领事。

佛勒尔 F. W. Fowler，英商太古洋行大班，厦门总会董事，1915 年起为鼓浪屿工部局董事会总董、副总董和董事）。

傅克林 Lynn W. Franklin，1931—1934 年美国驻厦门领事。民国二十年（1931）十月接任。

G

该日增 Henry J. Voskuil，又作弗斯奎尔，美国归正教会传教士，1907—1944 年在闽南活动。

甘博 S. Campbell，英国人，1896 年至 1897 年任厦门海关税务司。

甘明 W. N. Cumming，又称甘明医生，美国教会医疗传教士，1842—1847 年在厦门活动。

高斯 Charence Edward Gauss，一作高思，1916—1920 年美国驻厦门领事。民国五年（1916）十月接任，1918—1920 年为领袖领事。

高士威 August Piehl，1901—1902 年荷兰领事兼瑞典和挪威副领事。

葛德立 W. Cartwright，英国人，1869 年 10 月至 12 月任

厦门海关主管税务员。

葛美杜 Victord Covalho，葡萄牙人，厦门海军造船厂工程师。

葛果德 J. Kirkwood，英国人，1878 年厦门共济会组合早期成员。

哥顿 Robert Gordon(罗伯特 · 戈登)，大英长老会传教士，曾在闽南漳浦一带活动。

格瑞 J. Gray，1919 年鼓浪屿工部局董事会巡捕长(Inspector of Police)。

格瑞芬 Griffin，英国人，任职厦门海关，1914 年鼓浪屿工部局董事会董事。

给溢恩 Edwin W. Koeppe，美国归正会传教士，1939 年鼓浪屿工部局董事会董事。1919—1951 年夫妇同在厦门活动。

苟伯若 W. Elwell Goldsborough，1879—1885 年美国驻厦门领事（兼管台湾）。

郭富 Hugh Gough，一作卧乌古，1841 年 8 月侵略厦门的陆军司令。

郭士立 Charles Gutzlaff，一作郭实腊，英国信义会传教士，1832 年随胡夏米乘坐阿美士德号英舰来华勘察沿海状况。[《近代中国专名翻译辞典》郭士立的英文名称作：Karl Friedrich August Gutzlaff]

古阿明 B. Krause，德国人，1901—1902 年德国驻厦门代理领事。

关德乐 Don Manuel de Contreras，1896—1900 年西班牙驻厦门领事，兼葡萄牙驻厦门名誉领事。

H

哈金丝 H. B. Hawkins，美国人，1932 年署厦门海关税务司，1933 年任副税务司。

哈瓦德 W. C. Howard，1878 年厦门共济会组合早期成员。

海斯 W. Hace，英商汇丰银行大班，1903 年鼓浪屿工部局第一任董事会董事。

海雅多马士夏 T. H. Hyatt，1854—1862 年美国驻厦门领事。

海雅各 J. Hyslop(James Hyslop 詹姆斯·希斯洛普)，英国伦敦差会传教士，1848—1853 年在厦门活动。

韩威礼 W. Hancoek，英国人，1882 年 4 月至 8 月代理厦门海关税务司。

韩谨诗 W. C. Hankins，又名韩金斯、汉谨思，美国基督复临安息日会传教士，1923 年鼓浪屿工部局董事会董事。

韩巴乐 B. Hempel，德国商人，德商宝记洋行大班，先后兼任荷兰及瑞、挪联盟驻厦领事，1903 年鼓浪屿工部局第一任董事会董事。

汉南 C. Hannen，英国人，1869 年 7 月至 10 月任厦门海关税务司。

汉普顿 J. Hampton Hoge，一作霍格·汉普顿，1893—1894 年美国驻厦门领事（兼管台湾）。

郝思义 P. F. Hausser，1902—1906 年英国驻厦门署领事，兼葡萄牙驻厦门名誉领事、奥匈驻厦门领事。

好博逊 H. E. Hobson，英国人，1879 年至 1880 年任厦门海关税务司。

合文 James Curtis Hepburn，美国长老会传教士，1843—1845 年在厦门活动。

赫墨尔 P. S. Hamel，1890—1894 年荷兰驻厦门总领事（管辖华南、香港和澳门）。

贺密敦 C. P. Hamiton，英国人，1933 年署厦门海关税务司。

洪显理 Henry J. P. Anderson，英国长老会传教士，英华书院代理院长，1918 年后历任鼓浪屿工部局董事会秘书、代理巡捕长、董事和总董。

洪为霖 William R. Angus，美国归正教会传教士，1925—1951 年在厦门活动。

侯礼威 C. N. Holwill，美国人，1929 年至 1932 年任厦门海关税务司。

厚士端 Richard Hofstra，人称厚医生，美国归正教会医疗传教士，1922—1951 年夫妇同在厦门活动。

胡德乐 Camilus Otero，西班牙人，天主教多明我会传教士，鼓浪屿天主堂本堂神父，1947 年在厦门天主堂内设若瑟医院。

胡德乐 F. W. Wright，英国人，1947 年厦门海关监督员。

胡敦若 Tomas Ortuno，一名额都钮，西班牙领事，1885—1892 年兼法国驻厦门署理领事，兼葡萄牙驻厦门领事。

胡力樯 Richard Willet Hurst，英国驻厦门领事，1899 年三月接任。

胡夏米 Hugh Hamilton Lindsay，1832 年乘坐阿美士德号英舰来华勘察沿海状况的英国东印度公司属员。

胡天赐 Theodore. V. Oltman，美国归正教会医疗传教士。1930—1932 年；1936—1950 年两次在厦门活动。

胡马惠兰 Helen (McGuish) Oltman，美国归正教会医疗传教士胡天赐的夫人（日籍）。

胡锡基 A. G. Olkhovsky，白俄。1925—1927 年鼓浪屿工部局助理巡捕长，1928 年副巡捕长。

华尚 A. L. M. C. Pichon，法国人，1927 年至 1929 年任厦门海关税务司。

华基那 Sor. J. Drez，西班牙人，厦门圣约瑟医馆护士。

华拉索 Vlasoff，俄国人，1946年厦门自来水公司工程师。（夫人原为俄国国家歌剧院花腔女高音歌唱家）。

华立司 M. H. Wallace，英国人，1947年厦门海关船长。

华列士 W. H. Wallace，美国人，厦门海关任职，1912年鼓浪屿工部局董事会董事。

华资美 J. C. Wardlaw，英国商人，1867年起先后兼任葡萄牙、法国、荷兰驻厦门副领事或领事。

华为士 W. W. Ward，美国人，1862年3月至11月厦门海关税务司。

花芬嫩 Fernard Roy，1927年法国驻厦门领事（1934年9月1日撤销领事馆，1935年11月11日复设，领事继续任职），1929—1934年为驻厦领事团的领袖领事。

J

纪里布 Henry Gribble，英国商人，1843年首任英国驻厦领事。

汲澧澜 Leonard William Kip，美国归正教会传教士，1861—1901年在闽南活动。

吉田五郎 G. Yoshida，日本人，1940年任厦门海关副税务司。

吉尔菲兰 T. Gilfillan，英国伦敦差会传教士，1850—1851年在厦门活动，称纪牧师。

嘉必烈 Jur. H. Gabriel，1886—1889年德国驻厦门领事，管辖福建和台湾。

嘉兰贝 P. M. G. de Galembert，法国人，1904年至1905年暂行代理厦门海关税务司。

嘉德纳 A.F. Gardiner，爱尔兰人，1891—1901年任和记洋

行在台北的代理、英国驻台北代理领事并管理邮政局。1901 年到厦门任和记洋行的代表。

嘉托玛 Christopher Thomas Gardner，1893—1899 年英国驻厦门领事，兼奥匈驻厦门领事。

嘉约翰 J. Carnegie，大英长老会传教士，1859—1862 年在厦门活动，任济世医院医生。

贾雅格 J. W. Carrall，英国人，1893 年至 1896 年任厦门海关税务司。

江原忠 T. Ebara，日本人，1926 年至 1927 年任厦门海关税务司。

金辅尔 Hurl Libertas Mackenzie，大英长老会传教士，曾在闽南安海一带活动。

金禧甫 Hugh Fraser Rankin，大英长老会牧师，鼓浪屿英华书院主理，1912—1913 年鼓浪屿工部局董事会总董。

金执尔 William Raymond Gingell，1858—1862 年英国驻厦领事。

金渥德 Delaware Kemper，1894—1897 年美国驻厦门领事（兼管台湾）。

金亚梅 Y. May King，（浙江宁波人），近代中国第一个留美的女医生，后为美国归正教会医疗传教士，1887 年曾短期在厦门行医，1888 年后旅居日本。

经蔚斐 W. H. King，英国人，1948 年至 1949 年任厦门海关税务司。

K

凯尔腾 A. E. Carleton，1920—1924 年美国驻厦门领事。民国九年（1920）八月接任。驻厦领事团领袖领事。

康发达 F. Kleinwachter，德国人，1875年至1877年任厦门海关税务司。

康吕格尔 Caesar Kruger，旅华德商，1866—1867年德国驻厦门领事（代表布鲁斯、汉诺威、威伯和鄂尔敦堡）。

考特内 H. A. Courtney，英商汇丰银行大班，1928年鼓浪屿工部局董事会总董。

克林 K. G. Kring，丹麦人，永年保险公司厦门和汕头地区经理，厦门共济会会长，1916年鼓浪屿工部局董事会副董。

克士可士吉 C. Kleczkowski，比利时人，1865年至1867年任厦门海关税务司。

克达德 F. D. Goddard，英国人，1934年至1935年任厦门海关税务司。

克萨悌 A. Casati，意大利人，1934年任厦门海关税务司。

克罗克尔 John H. Crocker，英美烟草公司经理，1925年鼓浪屿工部局董事会董事。

克洛伊克斯 W. De. St. Croix，1878年厦门共济会组合早期成员。

柯德 G. A. Corder，1878年厦门共济会组合早期成员。

柯劳尔 R. Krauel，一名克劳尔，1874—1877年德国驻厦门领事。

库克 T. E. Cocker，1878年厦门共济会组合早期成员。

库气金 G. Koochkin，白俄。1925—1926年鼓浪屿工部局助理巡捕长。

屈鲁士 Friedrich William Kruse，一名屈汝试，旅华德商，1908—1911年荷兰驻厦门署领事，1911年授领事。[《厦门的租界》为光绪三十四年（1898）四月十八日接任]

L

剌八英 Antonio de Lavalle，1870—1873 年西班牙驻厦门领事。

赖依 A．Leigh，1878 年厦门共济会组合早期成员。

蓝惠施 Jean Nienhuis，（一名赖仁德），美国归正教会女传道士，1920—1951 年在厦门活动，1948 年任漳州护士学校校长。

乐民乐 Walter James Clennell，英国驻厦门领事，1888 年来华，任职时间未详。

雷特 F．Leyte，华洋人寿保险有限公司大班，兼任荷兰驻厦门领事，1914 年鼓浪屿工部局董事会董事。

雷班 Frank Leyburn，旅华洋商，1890 年兼丹麦驻厦门领事。

雷明顿 H．R．Remington，又名贺兼勿赖，1919 年鼓浪屿工部局董事会秘书。

劳思 W．B．Russell，英国人，1881 年至 1882 年署厦门海关税务司。

劳达尔 E．Gordon Lowder，英国人，1917—1919 年厦门海关税务司，1918—1919 年鼓浪屿公共租界工部局董事会总董。

力义 P．E．Legge（理雅各），英国伦敦公会传教士，1948 年来厦活动。

力戈登 Phillipe L．Gordon，英国伦敦差会传教士，1926—1927 年鼓浪屿工部局董事会董事。

鹂模 C．G．Riem，荷兰安达银行分行长，1928 年鼓浪屿工部局董事会董事。

黎德 H．C．Reed，1920—1926 年鼓浪屿工部局秘书兼总巡捕长。

黎诚辉 Clement Guttierea Isidore，西班牙人，天主教多明

我会传教士，1896 年任第四任厦门教区主教，1915 年去世于鼓浪屿。

礼振铎 Henry P. DePree，美国归正教会传教士，1907—1948 年夫妇同在厦门活动。

礼荷莲 Lilias Graham，大英长老会女传教士。1888 年来厦，在泉州创办“指明堂”（盲人学校）。

理清莲 Lily N. Duryee，美国归正教会女传教士，1894—1937 年在厦门活动，创办私立鼓浪屿毓德女子中学校，任主理。

李度 Lester Knox Little，美国人，厦门海关署税务司，1923—924 年鼓浪屿工部局董事会董事。

李达礼 H. A. Little，英国驻厦门领事，任职时间未详。

李丹士 R. Wallace Lee，英国人，英商汇丰银行经理。

李乐白 Robert Tally，英国人，1938—1941 年英华中学主理。

李太郭 George Tradescant Lay，英国人，1845—1846 年英国驻厦门领事。

李让礼 C. W. Le Gendre，一名李仙得，原籍法国，军人出身，1867—1873 年美国驻厦门领事。

李为霖 William K. Lea，英国伦敦差会传教士，曾在厦门同安一带活动。

丽丝亚达 G. Authur，英国人，女，1946 年旅居鼓浪屿。

列敦 T. H. Layton，1846—1853 年英国驻厦门领事。

林登 Leona Vander Linden（尤仁姑娘），美国归正教会传教士，1909—1947 年在厦门活动。

林务赐 Flindsay Woods，英国人，1920 年鼓浪屿工部局卫生官，时任职厦门海关。

铃木谦则 Suzuki Kensoku，日本人，台湾银行支店长，1928 年鼓浪屿工部局董事会副总董。

楼森 J. M. A . Lowson，1925 年为鼓浪屿工部局署健康卫生官。

卢壹 John Llord，人称卢牧师，美国长老会传教士，1844—1848 年在厦门活动。

鲁逊 T. G. Luson，1862 年 11 月至 12 月任厦门海关一级帮办。

鲁敏顺 T. W. Dobinson，或名多宾森，1913 年鼓浪屿工部局董事会秘书。

鲁鼐安 J. A. Launay，一名鲁鼐，1902—1904 年法国驻厦门领事。

陆公德 Georges Eugene Lecomte，一作陆功德，1905—1909 年任法国驻厦门领事，兼俄国驻厦门首任领事（1907 年）。

陆乙约 Edevin Dukes，英国伦敦差会传教士，曾在闽南、龙岩一带活动。

禄理玮 Franz Druenwald，1893—1895 年任德国驻厦门领事，1895—1897 年荷兰驻厦门署总领事（管辖华南、香港和澳门）。

伦爱森 H. Von Lohneysen，1904—1905 年德国驻厦门领事。

骆德 C. A. Lord，英国人，1875 年 3 月至 4 月代理厦门海关税务司。

罗啻 Elihu Doty，美国归正教会传教士，1844—1865 年在厦门传教。

罗伯逊 Daniel Brooke Robertson，1853—1854 年英国驻厦门领事。

罗马那 E. Q. Sta Romara，1948 年菲律宾驻厦副领事。

罗祝谢 Jose Wilde Louriro，葡萄牙人，1924 年至 1925 年任厦门海关税务司，1925 年鼓浪屿工部局董事会董事。

罗珊禄 T. Lozano，西班牙领事，1882—1884 年兼法国驻厦门署理领事，1883 年兼葡萄牙驻厦门领事。

M

马达 Don E. de Aparicio Mata，1895—1896 年西班牙驻厦门副领事，兼葡萄牙驻厦门名誉领事。

马吉 J. Mackey，英国人，1889 年 3 月至 4 月暂行代理厦门海关税务司。

马德里 Baman Matarring，西班牙人，1947 年厦门天主堂修女。

马锋庆 G. W. Muysker，荷兰人，1936 年厦门安达银行副经理。

马凯斯 A. Melchers，荷兰人，1946 年荷兰驻厦领事。

马美砥 K. de G. MacVitty，1939—1940 年美国驻厦门领事。

马守仁 Emanuel Prat，西班牙人，天主教多明我会传教士，1916 年任第五任厦门教区主教，1917 年 10 月在鼓浪屿建天主堂。

马约翰 John Macgowan，又作麦高温、麦戈文、麦嘉湖。英国伦敦差会传教士，1863 年来厦活动，1892—1901 年曾任鼓浪屿道路委员会秘书。

马歇尔 F. B. Marshall，英商德记洋行大班，1903—1914 年鼓浪屿工部局董事会董事。

马尔定 Arthur John Martin，1933—1937 年英国驻厦门领事。

马利亚 Mary Elizabeth Talmage（马利亚·伊莉莎白·打马字），美国归正教会女传教士，打马字·约翰之女，俗称二姑娘，1874—1927 年在厦门活动，将培德女学发展为田尾女学堂，后成为毓德女子小学校，同时与胞姐清洁创办怜儿堂。1932 年 4 月 6 日晚安息于鼓浪屿家中，享年 78 岁。

麻振 J. H. Macoun，英国人，1921 年至 1924 年任厦门海关税务司。

麦淑禧 Edna K. Beekman，美国归正教会女传教士，1914—1951 年在厦门活动。

麦嘉飞 D. MacHaffie，一名马家辉，旅华洋商，1904 年十月接任丹麦驻厦门领事。

麦坚志 H. S. Mackenzie，一称麦根士，英国人，1903 年鼓浪屿工部局第一任秘书兼巡捕长。

买灵伯 John Muilenburg，美国人，1947 年来厦任美国归正教会牧师。

曼逊 Patrick Manson，一作孟逊、马参、万臣，英国人，厦门海关首位检疫医官，著名寄生虫学家。

满三德 J. A. Man，英国人，1867 年至 1868 年署理厦门海关税务司。

满思礼 Robert William Mansfield，1899—1902 年英国驻厦门领事，兼奥匈驻厦门领事。

毛候士 J. M.Morhaus，安达银行分行长，1932—1936 年兼任荷兰驻厦代理领事，1939 年鼓浪屿工部局董事会董事。

茅中砥 Joannes Bapt. Velasco，西班牙人，天主教多明我会传教士，1948 年任厦门教区第六任主教。

美德理 P. D. Beeby，英国人，大英长老会牧师，1946 年入厦。

梅瑞乐 George R. Jr Merrell，1940—1941 年美国驻厦门领事。民国二十九年（1940）十月接任。

梅泽 Coustntin Merz，一名墨尔泽，1897—1912 年任德国驻厦门领事。1912 年为领袖领事。

梅尔士 F. J. Mayers，英国人，1915 年至 1917 年任厦门海关税务司。

梅斯奈 J. Mesney，1878 年厦门共济会组合早期成员。

孟达理 D. B. Monroe，美国人，1947 年至 1948 年任厦门海关税务司。

密芝诺 C.Berkeley Mitchell，英国人，鼓浪屿工部局第二任秘书兼巡捕长，1912 年仍在任。

蜜路得 Ruth Broekema，美国归正教会女传教士，1924—1951 年在厦门活动。

弥勒斯 E. W. P. Mills，英国驻厦门领事，1922 年前后来华，1923 年六月八日任职。

弥俄礼 Oliver Bloomfield Bradford，一名巴刺佛，1862—1864 年美国驻厦门副领事。

米为霖 William Vander Meer，美国归正教会传教士，1920—1923 年，1926—1951 年在厦门活动。

绵佳谊 Albino Mencarini，西班牙领事，1884—1885 年法国驻厦门代领事。

绵嘉义 J. Mencarini，日本籍，1908—1910 年主管署副厦门海关税务司、暂行代理厦门海关税务司。

闵加勒夫人 Stella E. (Girard) Veenschoten，一作闵加力夫人，鼓浪屿人称闵牧师娘，美国归正教会传教士夫人，1917—1951 年同在厦门活动，并推广西洋音乐。

明娜嘉 Sor. G. Minguez，西班牙人，1936 年厦门天主堂修女。

明仁意 Jeannette Veldman，美国人，1930—1951 年鼓浪屿救世医馆护士。

墨立本 H. L. Milbourne，1927—1931 年美国驻厦门领事。民国十六年（1927）十月接任。

莫霖 F. Mohring，德国人，1924—1925 年鼓浪屿工部局道路监督，时任职厦门海关。

莫尔斯 H. J. Morse，美孚石油公司经理，1919 年后为鼓浪屿工部局董事会副总董、总董。

木通 C. A. Mutton，1915 年前后鼓浪屿龙头街维多利亚饭店老板。

慕纳德 Lester Maynard，1908—1911 年美国驻厦门领事。光绪三十四年（1908）七月接任。

穆和德 R. B. Moorhead，英国人，1877 年至 1879 年任厦门海关税务司，1878 年厦门共济会组合早期成员。

穆好士 W.N. Morehouse，美国人，1897 年至 1899 年任厦门海关税务司。

N

内尔森 N. E. Nelson，瑞典人，厦门海关灯塔管理员。

内田新吉 Uchida Shinkichi，日本驻厦门领事馆警察署长，1916 年鼓浪屿工部局董事会董事。

倪为霖 William Macgregor，大英长老会传教士，1867 年前来厦门活动。1877 年倪为霖夫人在鼓浪屿创办“红毛女学”（怀仁女子中学前身）。

倪马义 M. B. Macgregor，一称倪姑娘，大英长老会女传教士，1893 年来厦门活动。

倪分惠临 William Irvine，1864—1866 年美国驻厦门领事。

尼考尔斯 W. S. Nicholls，英国人，汇丰银行代理大班，1915—1916 年鼓浪屿工部局董事会董事。

钮曼 A. L. Newman，英国人，1945 年至 1947 年任厦门海关税务司。

诺尔特 H. R. Northey，汇丰银行经理、大班，1928 年鼓浪屿工部局董事会总董。

O

欧卫理 Wm. S. Crowell，1885—1887 年美国驻厦门领事（兼管台湾）。

P

派伊·兰德尔 H. Randall Pye，1885年兼丹麦驻厦门领事。

庞迪仁 Luis Martineg，西班牙人，1947 年鼓浪屿天主堂神父。

培里 W. A. Perry，威麟（电气）洋行经理，1916 年鼓浪屿工部局董事会董事。

彭洛斯 J. H. Penrose，1878 年厦门共济会组合早期成员。

丕罗 August Piehl，一名丕力，德国商人，1883—1890 年荷兰驻厦门领事，1897—1902 年荷兰、挪瑞联盟驻厦门领事、副领事。[《厦门的租界》为光绪二十三年（1897）五月十二日接任]

沛扬 Melecis Rodirigreg，又名卢沛扬，西班牙人，天主教多明我会传教士，1923 年来厦，1947 年任多明我会会长兼厦门天主教堂本堂神父。

裴尔澈 James B. Pilcher，1941 年美国驻厦门领事。民国三十年（1941）六月接任。

平野郡司 Shirano Gunji，日本人，1918—1924 年厦门三井洋行出张所所长代理，1923 年鼓浪屿工部局董事会董事。

蒲乐思 Allen Price，1946 年英国驻厦总领事。

璞鼎查 Henry Pottinger，1842 年 8 月侵略厦门的英国女王全权大臣。

濮义剌 Don F. Gomez de Bonilla，1888—1889 年西班牙驻厦门署总领事，1891 年兼葡萄牙驻厦门领事。

Q

清洁 Katherine M. Talmage（凯瑟琳·打马字），美国归正教会女传教士，打马字·约翰之女，俗称大姑娘、清洁姑娘，1874—1927年在厦门活动，创办田尾妇学堂、养元男子小学校，与胞妹马利亚共同创办怜儿堂。

清洁理 Katharine R. Green，美国归正教会女传教士，毓德女子中学主理，1907—1950年在厦门活动。

庆丕 P. H. King，英国人，1912年至1913年任厦门海关税务司。

钱查理 Charls Lee，英国人，厦门卜内门公司代理人。

R

饶诗 R. C. P. Rouse 英国人，1945年任厦门海关税务司。

仁信 James Johnston，大英长老会传教士，1853—1855年在厦门活动。

仁历西 Jessie M. Johnston，人称仁姑娘，大英长老会女传教士，仁信之女，1885—1904年任鼓浪屿怀仁女子学校主理。

绒信 A. R. Johnston，1864—1867年法国驻厦门署理领事、荷兰驻厦门副领事和兼葡萄牙驻厦门领事。

荣雅国 J. Jones，1868年至1869年任厦门海关主管税务员。

S

萨督安 A. Sadoine，比利时人，1932年至1933年任厦门海关税务司。

萨尔尼科夫 A. N. Sainikoff，白俄，1925 年鼓浪屿工部局助理巡捕长。

色必立 Frederick Robert Charles Surplice，英国人，厦门海关署税务司，1920 年鼓浪屿工部局董事会董事。

夏德 F. Hirth，德国人，1877 年 4 月至 12 月代理厦门海关税务司。

夏礼 J. W. Hartly，英国人，厦门海关医官，兼任厦门济世医院院长，1914 年鼓浪屿公共租界工部局卫生官。

夏蜜小姐 Harvitt，英国伦敦差会女传教士。

夏立士 A. H. Harris，英国人，1919 年至 1921 年任厦门海关税务司。

夏礼文 Clarence H. Holleman，美国归正教会医疗传教士，救世医院院长，1919—1950 年夫妇同在厦门活动。

山雅各 James Sadler，英国伦敦差会传教士，1898 年创办英华书院，1902 年 5 月创办《鹭江报》。

上野专一 Uyeno Senichi，1896—1906 年日本驻厦门领事，领袖领事。

奢士纳 Charles Lee，又名奢士利，1908 年五月接任丹麦驻厦门领事。

胜安得 Anderson Peter，大英长老会传教士，1933—1941 年在鼓浪屿英华中学任教。

石金沙 E. P. W. Skrimshire，旅华洋商，1894 年兼法国驻厦门署理领事。

石井信太郎 Ishii Nobutaro，博爱医院院长，1928 年为鼓浪屿工部局董事会董事。

施美芙 G. Smith，又名四美，英国圣公会传教士，1846 年 1 月到厦门，福建布政使徐继畲在编著《瀛环志略》时和他有过接触。

施晓理 George Smith，大英长老会传教士，1856 年间在闽南和汕头等地区活动。

施勿理 J. C. Sibley，又名斯布雷，英国人，亚细亚火油公司经理，1917—1919 年鼓浪屿工部局董事会董事，1926 年董事会临时副总董。

施敦力·亚历山大 Stronach Alexander，又作亚历山大施敦力、施亚历山大，英国伦敦差会传教士，夫妇于 1846—1870 年在厦门活动。

施敦力·约翰 Stronach John，又作施约翰，英国伦敦差会传教士，夫妇于 1844—1878 年在厦门活动。

施敦力小姐 Miss Stronach，英国伦敦差会女传教士，1846—1866 年在厦门活动。

史密斯 F. R. Smith，英国人，1920 年鼓浪屿工部局董事会董事，时任职英商和记洋行，1923—1924 年兼比利时驻厦门署领事。

师范西 F. J. Smith，英国人，1903 年 3 月至 4 月暂行代理厦门海关税务司。

士必礼 Fired Spray，英国人，1947 年来厦任厦门海关工程师。

四美姑娘 Geraldine Cornclia Smies，一称吉拉尔丁·四美，美国归正教会女传教士，1939—1945 年在厦门活动。

矢本 K. Yamoto，日本人，台湾银行支店长，1917—1918 年鼓浪屿工部局董事会董事。

矢岛 G. Vajima，日本人，1919—1920 年鼓浪屿工部局董事会董事。

斯诺克 J. H. Snoke，美国归正教会医疗传教士，1917—1918 年鼓浪屿工部局董事会副总董 1908—1918 年夫妇同时在厦门活动。

斯底乐 F. H. Steele，1925 年鼓浪屿工部局董事会董事，时任职美孚石油公司。

司青华 E. E. Stewart，1925—1926 年鼓浪屿工部局董事会董事，时在鼓浪屿开设司青华牙医诊所，并在福州、汕头游医。

苏里文 George G. Sullivan，首任英国驻厦副领事。

孙德雅 A. J. Sundius，1908—1909 年英国驻厦门领事，兼葡萄牙、奥匈驻厦门副领事。

T

田渊澄 Thomas Whifield，英国商人，住鼓浪屿。

佟显理 Henry Thompson，大英长老会传教士，1856 年间在闽南一带活动。

W

万多马 Thomas Cocker Brown ，英国伦敦差会传教士，英华书院教师，1914 年后为鼓浪屿工部局董事会董事。

万乐思 Frank Arnold Wallis，1937—1938 年英国驻厦门领事、驻厦领事团的领袖领事。

万约翰 J.Howard Van Doren，美国归正教会传教士，1864—1865 年间引进第一架活动油印机到厦门。

魏伯 Leroy Webber，1924—1926 年美国驻厦门领事。民国十三年（1924）八月接任。

伟博德 W. H. C. Weippert，英国人，1915 年 4 月暂行代理厦门海关税务司。

魏卡斯 Robert J. R. R’dieeds，菲律宾人，1947 年厦门天主堂医师。

威逊 John A. Wilson，英国人，1947 年亚细亚石油公司工程师。

威礼士 A. H. Wilzer，德国人，1908 年至 1909 年任厦门海关税务司。

威利生 John Wilson，一名威麟，英国商人，1903.10—1909 年兼比利时驻厦门领事。

威勒鼎 H.St. J. Wildin，英国人，1935 年至 1936 年任厦门海关税务司。

威妥玛 Thomas Francis Wade，原系侵厦英军第98团上尉，翻译员，多年后升任英国驻北京公使。

文盖特 J. P. Wingate，一名文盖，英国商人，1902.3—1903.10 年兼比利时驻厦门领事。

文姑娘 Elizabeth G. Bruce，美国归正教会女传教士，1921—1951 年在厦门活动。

文惠廉 William Jones Boone，1842 年首批来厦的美国圣公会传教士。

温彻斯特 Charles Alexander Winchester，首任驻厦领事馆的医生。

吴得禄 F. E. Woodruff，美国人，1880 年至 1881 年任厦门海关税务司。

吴为霖 William Gauld，大英长老会传教士。

武益德 J. Weed，又名韦德，美国人，1908 年任同文书院主理。

勿汝士 James Bruce，英商德记洋行经理，1881 年卒于上海。

X

喜士国 L. H. Hitchcock，又名希世各、希契科克，英商汇丰银行厦门分行长，1939 年鼓浪屿工部局董事会总董。

席福 H. Ae. Sidford，英国人，1878 年厦门共济会组合早期成员，1879 年 5 月至 7 月代理厦门海关税务司。

锡鸿恩 Edward J. Strick，美国归正教会医疗传教士，1924—1925年鼓浪屿工部局董事会副总董、总董；1926—1927年临时总董、总董，时任职美国领事馆。

小林 H. Kobayashi，日本人，1914—1915年鼓浪屿工部局董事会董事。

小林照太郎 T. Kobayshi，日本人，1945年任厦门海关监查官。

小泉土之丞 Koizumi Tonojo，日本人，一称统之丞，1912年鼓浪屿工部局董事会董事。

小幡次郎 Obata Jiro，日本人，1939—1940年鼓浪屿工部局董事会董事，兼台湾银行厦门支店支配人。

谢裕明 Luman J. Shafer，美国海外宣道会牧师，1946年来厦门活动。

辛盛 C. Lenox Simpson，英国人，1899年至1903年任厦门海关税务司。

休士 G. Hughes，英国人，1862年至1865年，1869年至1875年任厦门海关税务司。

许立德 William Meyrick Hewlett，1923—1932年英国驻厦门领事。1925年为领袖领事。

许妥玛 T. F. Hughes，英国人，1889年至1893年任厦门海关税务司。

宣为霖 William Sutherland Swanson，大英长老会传教士，在闽南安海一带传教。

郇和 Robert Swinhoe，一名施文贺，1866—1868年英国驻厦门领事。

Y

雅怀德 Albino Andres，西班牙人，1949年任多明我会会长兼厦门天主堂本堂神父。

雅裨理 David Abeel，近代第一个到厦门活动的美国归正教会医疗传教士。

亚伦 E. C. Allan，旅华洋商，1902 年四月接任丹麦驻厦门领事。

颜大辟 David Grant，大英长老会传教士。1881 年在泉州创办惠世医院。

阎义思 I. T. Authomy，英国人，厦门亚细亚石油公司经理。

养为霖 William Young，又称杨威廉，英国伦敦差会传教士。夫妇于 1846—1855 年在厦门活动。

益和安 Frank Eckerson，美国归正教会传教士，1903—1949 年在厦门活动。

伊理士 Jamieson Elles，旅华英商，1863—1867 年丹麦驻厦门领事。

伊理雅 Thomas M. Elliott，美国人，厦门基督教青年会干事。1917 年后历任鼓浪屿工部局董事会董事、总董。

伊士礼 B. J. Isreal，1924 年兼署荷兰驻厦门领事。民国十九年（1930）七月二十一日接任荷兰驻厦门领事、1936—1941 年复任领事。

伊万诺夫 N. P. Ivanoff，白俄，1925 年为鼓浪屿工部局卫生监督（Sanitary Overeer）。

用雅各 Jas. Young，大英长老会传教士。1850—1865 年在厦门活动。

余俩褅 Hipolito de Uriarte，1889—1891 年西班牙驻厦门总领事，兼葡萄牙驻厦门领事。

郁约翰 John A. Otte，美国归正教会医疗传教士，1898 年创办鼓浪屿救世医院。

育金星 Raul E. V. Jorgensen，丹麦人，厦门大北电报局工程师。

越约翰 John Watson，大英长老会传教士，曾在闽南晋江一带活动。

约瑟·斯美士 J. E. Smith，1926—1927 年鼓浪屿工部局董事会董事，时任职英商和记洋行。

苑礼文 Abe Livingston Warnsuis，美国归正教会传教士，1913 年鼓浪屿工部局董事会董事、名誉秘书。1900—1921 年在厦门活动。

Z

翟理斯（1845—1935）Herbert Allen Giles，英国人，汉学家。1878 年厦门共济会组合早期成员，1880—1894 年先后任英国驻厦门、淡水和宁波领事，兼德国、奥匈驻厦门领事。

占姆斯 Lindsay Artha James，英国人，1948 年旅居鼓浪屿的艺术家。

詹森 T. R. Johnson，美丰银行经理，1928 年鼓浪屿工部局董事会董事。

泽浦光治 Sawaura Mitsuji，日本人，1924—1925 年鼓浪屿工部局董事会董事，时任职于三井物产株式会社。

中川陆三 Nakagawa Rikuzo，日本人，1939 年鼓浪屿工部局董事会董事，1940 年厦门海关署副税务司。

周骊 C. H. B. Joly，英国人。厦门海关署税务司，1925 年鼓浪屿工部局董事会董事。

周美华 M. Landa，西班牙人，厦门天主教女教士。

竹本节藏 Takemoto Setsuzo，日本人，台湾银行支店长，1920 年鼓浪屿工部局董事会董事。卓尔敦 K. E. Jordan 丹麦人，1938年至1945年任厦门海关税务司。

[参考资料]：

中国第一历史档案馆、福建师范大学历史系合编：《清季中外使领年表》(中华书局，1985年。

黄光域：《外国在华工商企业辞典》(四川人民出版社，1994年)

黄光域：《近代中国专名翻译词典》(四川人民出版社，1994年)

Gerald De Jong：The Reformed Church in Chian 1842—1951；

厦门市政协文史资料委员会编：《厦门的租界》(鹭江出版社，1990年)

福建省政协文史资料委员会编：《文史资料选编·基督教天主教编》，福建人民出版社，2003年；

房建昌：《鼓浪屿公共租界工部局的董事会》(《鼓浪屿文史资料》第九辑)

厦门海关编著：《厦门海关志》(科学出版社，1994年)

《厦门市1948年10月份外侨调查表》

另有部分资料采集于文博单位或个人收藏的文物实物。

感谢叶克豪先生校毕本索引。

后记

要在这么短的时间内，在这么有限的篇幅里，来回放近代鼓浪屿沦为公共租界的这样一段复杂而又敏感的历史，委实力不从心。加上可靠的新史料，包括当年外国人留下来的那些文字或照片资料尚未多多获读，就仓促下笔，是有率而操觚之嫌。

我家蜗居于鼓浪屿至今已历经五代。先祖父仰潜公夫妇一生经历过工部局这段四十多年的历史，他们和好些亲戚族友当年还是某些事件的知见人。但能够静下心来阅读一点鼓浪屿的中外文史料，是在我退休以后。2008 年，因执笔《鼓浪屿租界》陈列大纲的制作，让我有机会重温这段历史。大纲完成后，中共厦门市委宣传部、厦门市文化局多次组织专家进行批评和论正，承蒙黄猷、何其颖、连心豪等师友不吝赐教，甚至把自己长期探讨而获得的真知灼见，惠我分享，是以我对鼓浪屿开始有了进一步的认识。于是，胆为之壮，遂有现在这个尝试。在此，我对帮助过我的诸位先生表示由衷的感谢。

把鼓浪屿沦为公共租界的过程纳入中国近代史，或更大的史学范畴来探讨，对我来说也许只是一个奢望。厦门市社会科学界联合会拟编辑、出版《鼓浪屿文化丛书》，要我先把这个“丑媳妇”亮出来，见见公婆。

如果按照书名和原来的设想，将鼓浪屿公共租界这 42 年的历史，把工部局、会审公堂等界内机构在此期间的所作所为，中西文化的现象，以及中国人民的抗争等等，都叙述一番，好像也未尝不可。但总觉得这样写来，似乎缺乏新意，也不容易把鼓浪屿公共租界的实质剖析清楚。特别是近代以来，由于台胞和东南亚华侨的大量移居鼓浪屿，并且成为岛上主要的居民群体，由是改变了该岛的社会结构，也促进了当地社会文化多样化的形成。而这与近代上海公共租界相比较，恰恰是鼓浪屿公共租界自身最大的特色。因此，我认为还是得从鸦片战争讲起，除了论述历史、揭示公共租界之外，另辟若干篇章来探讨一下有关鼓浪屿近代文化的问题。目的是使得鼓浪屿公共租界的介绍会更为全面。

在写作过程中，我尽量使用新的中外文资料，顺便也对以往某些说法作了一些简单的考证。无奈学养不逮，姑作鼓浪屿岛民一家之言可也。

何丙仲

己丑大暑识于厦门嘉盛豪园之一灯精舍

图书在版编目(CIP)数据

鼓浪屿公共租界/何丙仲著.—厦门:厦门大学出版社,2015.11
(2015年同文书库.鼓浪屿历史文化系列)
ISBN 978-7-5615-5542-2

Ⅰ.①鼓…　Ⅱ.①何…　Ⅲ.①区(城市)-租界-地方史-厦门市
Ⅳ.①D829.12②K295.73

中国版本图书馆CIP数据核字(2015)第101765号

亚马逊 amazon.cn

厦门大学出版社出版发行
(地址:厦门市软件园二期望海路39号　邮编:361008)
总编办电话:0592-2182177　传真:0592-2181406
营销中心电话:0592-2184458　传真:0592-2181365
网址:http://www.xmupress.com
邮箱:xmup@xmupress.com
厦门集大印刷厂印刷
2015年11月第1版　2015年11月第1次印刷
开本:889×1194　1/32　印张:5.625　插页:2
字数:168千字
定价:40.00元